JN124006

裁判例にみる家族と暴力

暴力と家族

家庭福祉の危機と回復

李 政元
Lee, Jung Won

関西学院大学出版会

は じ め に

　暴力は家族を危機に陥れる。家族どうしの関係性の崩壊、喪失、そして分離。これまでに築き上げてきた地域と社会における信頼の失墜と紐帯の断絶。暴力に曝された家族はもはやそれ以前の家族とは変質する。そのような状況に置かれている家族は、日本社会に数多おり意識的あるいは無意識的にも救済の手が差し伸べられるのを待っているのだ。

　本書は、家族間暴力をテーマに「家族福祉論」を学ぶテキストである。本書は読者に官公庁のデータ、関連諸制度、そして事例としての（裁）判例を紹介しつつ、現代家族が直面する問題・課題の共有と、これらを緩和・解決するために必要な支援・施策を考える手掛かりを提供することを目的としている。

　社会現象の理解に物語（ストーリー）は欠かせない。判例を使用する理由はそこに尽きる。社会現象を理解するうえで関連する統計資料に目を通すことは重要だが、それだけでは、その背後で何が起こっているのか想像もつかない。プライバシーのベールに包まれた家族の私生活で起こる暴力は外からは見えにくいが、判例に示される暴力事件は、偶然何らかの理由でそのベールが剥がれた末に公の目に触れ、ようやく法的介入がなされた公的記録である。

　判例を読む者は、被告人と被害者の間の関係性の始まり、それが次第に歪み、遂に犯罪に及ぶまでの過程を追うなかで、そこに登場する人々の当時の状況への想起、そして自らをその立場に置き換えたときに、その家族に起こった暴力事案をその生活過程や社会的・文化的背景を関連させることにより他人事ではない、より身近な問題としてとらえることができると確信する。

　本書では、家族間暴力への理解を深めるために社会福祉学領域以外の諸理論も横断的に紹介した。自然科学には自然観、そして社会現象のメカニズムや法則を明らかにしようとする人文社会科学にとっては人間をどのようにとらえるのか、その人間観を整理することが必要なのは言うまでもない。しかし、例えば古典経済学は人間の近似モデルとして「合理的経済人」などとして人間観を矮小化してきた。人間は思惟し、世界を認識し、感情を持ち、他

者と関係性を築くことのできる存在である。暴力が合理的手段として用いられることもあるが、その行使によって失われる他者との関係性といった計り知れない損失を考えれば、暴力は不合理の極みである。にもかかわらず、人間はこの暴力を手放せないでいる。攻撃性と暴力を理解するために本書で紹介した諸理論に触れることにより、読者の人間と社会を見る視野は広がるに違いない。

　本書は大きく2部構成から成る。第Ⅰ部では、社会科学（第1章）、攻撃性（第2章）、そして家族の危機と支援（第3章）の基礎に触れる。第Ⅱ部では、家族が直面する暴力としての児童虐待（第4章）、配偶者間暴力（第5章）、いじめ（第6章）、高齢者虐待（第7章）、障害者虐待（第8章）について学び、最後の第9章では自殺についても取り上げている。本書の最後には、第1章の補足として補章に統計解析の基礎をまとめた。社会科学において調査で取得したデータを読み解くために統計解析は欠かせない。なお、出典の記載や注が示されていない図表は、筆者が独自で作成している。

　本書は、多くの方との議論、協力、そして励ましによって生み出されたものである。大学での講義やゼミでの学生との議論、社会福祉の現場で働く友人らとの語らい、そして所属する関西学院大学総合政策学部のユニークな諸先生方との教学上の交わりに触発された成果でもある。特に、出版の機会を与えてくださった関西学院大学出版会の編集委員会の皆様と田中直哉氏、拙稿を丁寧に読み込み校正してくださった浅香雅代氏と装丁を担当してくださった松下道子氏に深く感謝したい。また、いつも変わらぬ応援と助言をくれる妻に感謝したい。ありがとう。

　暴力は抑止・予防できる。それには、市民一人ひとりが社会のなかにある暴力を理解し、暴力に曝される者に意識的に関わることから始めなければならない。本書が家族の直面する暴力への理解を助け、暴力撲滅に向けた取り組みにさまざまな形で参与する動機付けを少しでも読者に与えることができれば望外の喜びである。

2020年3月

李　　政元

目　次

はじめに　i

第 I 部 ——————————————————— 1

第 1 章　社会現象を理解する　3

1.1　存在論と認識論　3
1.2　リサーチ・デザイン　8

章末問題　18

第 2 章　攻撃性　19

2.1　行動の獲得　19
2.2　家族間暴力の要因　30

Column　攻撃性は遺伝するのか？　33
章末問題　36

第 3 章　家族の危機への介入と支援　37

3.1　家族とライフステージ　37
3.2　家族の危機（Family Crisis）　40
3.3　ソーシャルワークの援助課程（Social Work Process）　40
3.4　危機からの回復 ——ダブル ABCX モデル　43

章末問題　54

第 **II** 部 ─────────────────────── 55

第 **4** 章　育児と暴力　57

  4.1　子どもへの暴力　60
  4.2　児童虐待の定義　61
  4.3　データからみる子どもへの暴力　63
  4.4　児童福祉小史　67
  4.5　判例事案の支援　70

  章末問題　*80*

第 **5** 章　配偶者への暴力　81

  5.1　夫婦関係の破綻と配偶者間暴力　82
  5.2　データからみるマッチング・離婚・配偶者間暴力　90
  5.3　配偶者間暴力のリスク要因　93
  5.4　配偶者間暴力への介入　94

  Column　　男余りと晩婚化　*96*
  章末問題　*98*

第 **6** 章　いじめ　99

  6.1　《いじめ》と家族の危機　101
  6.2　《いじめ》の定義と理論　101
  6.3　データからみるいじめ　106
  6.4　いじめへの介入　111

  Column　　子どもの自殺　*112*
  章末問題　*114*

第 7 章　介護と暴力　　115

　7.1　「介護」という危機　　116
　7.2　高齢者虐待の定義　　117
　7.3　データからみる高齢者虐待　　118
　7.4　高齢者福祉小史　　120
　7.5　介護保険制度　　124

　　Column　　8050問題　　126
　　章末問題　　128

第 8 章　障害者への暴力　　129

　8.1　「障害」と家族の危機　　131
　8.2　障害者の定義と障害者への差別を支える思想・理論　　132
　8.3　データからみる障害者への虐待　　140
　8.4　障害者支援の小史　　143

　　Column　　善と正義　　145
　　章末問題　　148

第 9 章　自殺　　149

　9.1　家族の自死という危機　　150
　9.2　自殺の定義と理論　　151
　9.3　データからみる日本の自死　　157
　9.4　自殺の予防・介入・事後介入　　163

　　Column　　宗教は自殺をどうみているか？　　167
　　章末問題　　170

補章 統計解析の基礎　171

A.1　確率と確率変数　171
A.2　確率分布　178
A.3　統計的推測　183
A.4　統計的検定 ──推測から判断へ　192

付　表　209
人名索引　213
事項索引　214

第 I 部

第1章　社会現象を理解する

第 1 章

1.1　存在論と認識論

　科学といえば、明らかにしたい現象のメカニズムについて、1.問いを立てる、2.背景を調べる、3.仮説を立てる、4.実験・調査を行うことだといえる。自然科学は自然現象を、社会科学は人と社会にまつわる現象を記述・説明しようと試みる。ある現象のメカニズムを明らかにすることは容易なことではないし、仮にある現象の説明に成功したとみえる場合には、同業者コミュニティによる了解、すなわち他の科学者らによるピアレビュー（peer review）を経て論文にする必要がある。通常、同業者間では科学の正しい手続きが共有されており、審査論文の中味の評価はもとより、論文の主張が導き出されるまでの手続きの妥当性が確認されてようやく世に発表されるのである。

　同業者コミュニティによる正しい手続きの了解、実はこれは大変厄介な問題である。科学の領域間はもちろん、同じ領域の科学者の間ですら、知識の生成について異なる見方をしていることがある。つまり、科学者によって世界の見方はさまざまなのだ。世界の見方が異なる 2 人の科学者がある現象の説明を試みたとしよう、双方の手続きとその説明は同じ現象を説明しているのかと疑いたくなるほど違うものになる。[1]

　科学者の間で知識生成に関する立場の違いが生じる 1 つの理由は、知識の対象となる現象が存在するのかしないのかについて合意が得られていないからである。知識の対象が客観的に存在しているか否かについて大きくは、基礎付け主義（foundationalism）と反基礎付け主義の 2 つの立場に分けられる。

　基礎付け主義は、ある知識が真に正しい知識（これを、基礎付けられた知識）から演繹できるのなら、その知識も真であると考える。基礎付けられた知識とは、「真理」と呼びたくなるような暫定的で近似的なものを指すが、これはわれわれとは独立して存在している。つまり、仮に「真理」があるとして、その投影であるこの世界にある知識の対象も同様にわれわれとは独立して存在しており、誰もが正しい方法によって知識の対象への理解を深めることで知識は真理へと遡っていくという。ここでいう正しさは客観性を意味しており、基礎付け主義の立場をとる科学者は、知識の生成過程において主観を排除するのである。

　反基礎付け主義は、基礎付けられた知識など認めない。知識の対象はわれわれ（主観）とは独立しておらず、われわれがそれをどのように受け止めるかによるとしている。体罰問題を考えてみよう。体罰をする側とされる側の当事者にとってあまりにも自明に見えるこの問題も、体罰を行う者はしつけとしての体罰を主張し、体罰を受けた子どもは自分に落ち度があるからと体罰を了承していることがある。つまり、しつけのために行われる体罰は問題ではないことになる。しかしながら、体罰によって子どもが大きな傷を負い、死亡した場合にはそれを見聞きする社会成員にとって、しつけのための体罰は子どもの生命を危険に曝す行為へとその意味が変化し、体罰はいつしか解決すべき問題と受け止められるようになる。問題とは当事者のみならず社会によって構築され、さらには一見同じに見える問題も国や地域の社会的・歴史的・文化的・政治的な背景によって異なってくる。4 章でも触れるが世界では 57 の国と地域が親を含むすべての大人による子どもへの体罰を全面的に禁じる一方、日本は親による懲戒権を法的に保障しているのである[2]。このように知識の対象があらかじめわれわれから独立して存在しているのではなく、それを解釈するわれわれの主観のうちに構築されるという相対主義的な立場をとる科学者がいるのである。

　さて、知識の対象の存在に関する議論は存在論（ontology）という哲学の一分野の範疇であるが、科学者が採用する研究方法をみれば、彼らが意識するしないにかかわらず彼らの存在論的立場が大抵わかる。社会科学においてどの存在論的立場をとるかによって現象理解へのアプローチは大きく異なる

のである。真理に裏打ちされた絶対主義か相対主義の対立とみてよい。[3]

（1）実証主義

　知識の対象がわれわれとは独立していると信じるか否かによって、その対象を知るためのものの見方は大きく変わる。基礎付け主義の立場に立てば客観性を重視するし、反基礎付け主義に立てば対象はわれわれの主観に依存する。水と油ほどの違いをもつ 2 つの立場はどのように知識を生成しているのであろうか。これを議論するのが認識論（epistemology）の役割である。ここでは、ソーシャルワーク研究の小史を追いながら社会科学で主要な認識論的立場の 1 つである実証主義と社会構成主義を紹介したい。

　20 世紀初頭のアメリカでソーシャルワークの創始者の 1 人に数えられるリッチモンド（Richmond, M. E.）は 1917 年に『社会診断』（'Social Diagnosis'）を出版した。[4] 20 世紀初頭、自然科学界では、アインシュタイン（Einstein, A.）[5] の（特殊・一般）相対性理論、シュレディンガー（Schrödinger, E.）[6] やハイゼンベルク（Heisenberg, W.）[7] の量子力学の成功に沸き立っていた時であり、人類が直面する問題の解決は科学によって超克されるという雰囲気が満ちていたといえる。社会科学分野でもコント（Comte, A.）[8] やデュルケム（Durkheim, É.）[9] らによって自然科学に倣ったデザインと手法が採用されていた。これにより、知識の対象は経験的事実に限定され、感覚で確認できない形而上学的対象についてはこれを排する立場、実証主義（positivism）[10] が登場した。

　自身も貧困家庭で育った経験をもつ米国ソーシャルワーク（Social Work）の祖の 1 人リッチモンドは、当時の社会一般に流布していた「貧困は個人の怠惰による」とする貧困観に対して社会環境の諸条件の改善・調整によって貧困は解消するという見解を医学モデル（medical model）に依拠しつつこれを科学的に示そうと試みた。ソーシャルワークが米国社会で聖職者、法曹家、医者に並ぶ専門職であると社会に認識させるためには、その専門性に科学性を取り込むことは自然なことであった。[11]

　さて、医学モデルが依拠する医学そのものは経験主義（empiricism）、つまり、経験・感覚（観測・測定によって得られた）データから一般理論・モデ

ルを見いだそうとする帰納の手続きを重視する。つまり、経験主義的ソーシャルワークにとって、貧困、格差、弱者虐待、精神障害といった問題は、基礎付け主義にのっとり実践家とは独立した存在であり、得られたデータからこれら問題を説明する検証可能な理論・モデルを作ろうとする。検証作業によって理論・モデルの説明力が確認できれば予測も可能となり問題の予防・介入の手掛かりを得られる。ソーシャルワークにおいてそれはアウトリーチ（探求）とアセスメントに効力を発揮するのだ。

　従来、医療者と患者の間には治療において受動―能動関係が存在してきた。治療方針は知識・技術において優位な医療者が無知な患者にパターナリスティック（paternalistic）な決定を押し付けるというものであった。ソーシャルワーク支援においてクライエントの自己決定（self-decision）は最も重要な原則であるが、ソーシャルワーカーとクライエントの間にある上下関係は批判の的になっていた（Reamer 1999：105-110）[12]。医療場面でもそうであるが、専門家と素人（患者、クライエント）の間には情報の非対称性[13]が存在する。専門家は職業上大量の情報に接するが素人は自身が何らかの問題・課題に遭遇して初めて必要な情報を探索する。市場において知識と情報の「売り手」と「買い手」との間に対等な関係が成立する場合とは「売り手」が敢えて「買い手」にとって価値ある情報を無償で提供する場合かもしくは、「買い手」が価格を気にせずすべての情報を買い取る場合である。そのようなことは市場では滅多に起きない。「買い手」の資産が無尽蔵である場合は別として、無償提供は合理的主体である「売り手」に儲けがなくなるからである。ソーシャルワークも医療も 'for their own good'、彼ら自身のために保有する情報量にものを言わせて、「こうしなさい」と言ってはクライエントの自己決定権を侵害してきたといえる。

　しかし今日、根拠ある医療 EBM（Evidence Based Medicine）提供は標準化され、医療者は、「科学的根拠（research evidence）」「臨床の状況・環境（clinical state and circumstances）」「患者の選好・行動（patient's preferences and actions）」を考慮し、治療方針決定のプロセスに患者を参与させながら自らが持つ臨床的専門性（clinical expertise）を発揮するようになった（Haynes et al. 2002：38）[14]。EBM は、医療者中心から患者中心（patient centered）の医療を部分的で

はあるが推進してきたのである。そして、リッチモンドにより始められた医学的ソーシャルワーク、いわゆる経験主義的アプローチによるソーシャルワークは EBP（Evidence based Practice）となって結実したといえる。Sackettら（1998：71）は EBP とは「個々の患者のケアに関する決定を下す際に、現時点で利用可能な最良の証拠を入念に系統立てたうえで慎重に使用することであり、それは実践家個人の専門性とシステマティックな研究によって利用可能となった最善の臨床的証拠の統合である」と定義している。今日、アメリカにおけるソーシャルワークの介入研究（intervention research）では、EBP に関する研究が極めて多くなっている。

（2）解釈主義と社会構成主義

実証主義に真っ向から対立するのが解釈主義（interpretivism）である。自然科学に倣って量的データから人間行動の一般法則の導出を目指す実証主義に対し、解釈主義は観察やインタビューなどによって得られる定性的データ（発話、自由記述、映像等）から主観的経験と時間・文脈を解釈することによって人間行動を理解しようとするのである。解釈主義は一般法則を発見することを目的としていないし、そもそも客観的知識の生成にも関心がないといってよい。

解釈主義といってもさまざまな立場がある。なかでも、社会構成主義は社会現象の理解について激しく実証主義を攻撃し社会現象に関する客観的知識の存在を否定する。Burr（＝2002：2–5）[15]によれば、社会構成主義とは①自明の知識に批判的であり、②知識の歴史的・文化的特殊性を認識し、③知識は社会的相互作用の過程によって維持され、④知識にともなって社会的行為が成立すること、以上4点に合意する立場としている。換言すれば、基礎付け主義のいう①' 客観的な知識の対象といったものは存在せず、②' 知識は歴史的・文化的にも相対的であり、③' 知識はそれを用いる者たちの間で維持され、④' そんな知識をもとに社会的行為が成立しているということである。

貧困を例に Burr（2002）の主張を整理してみよう。①" 誰もが認める一意的な「貧困」は存在せず、②"「貧困」の意味は歴史的・文化的にも相対的

であり、③"「貧困」という語はそれを用いる者たちの間で維持され、④" そんな「貧困」の意味にのっとり貧困にまつわる社会的行為（差別、救済等）が成立するというのだ。

　実証主義に依って立つソーシャルワークの態度について Garrow と Hasenfeld（2015：2-5）はソーシャルワーク本来の使命（mission）と相反すると警告する。ソーシャルワークの使命は、抑圧（oppression）、搾取（exploitation）、不平等（inequality）の原因を特定しこれと闘い、人間に苦しみをもたらす条件を取り除き、社会権（social right）を守る（to advocate）ことである（Garrow and Hasenfeld 2015：1）。政府からの資金助成を受ける研究は、取り組む研究課題とその使用が期待される研究手法を限定してしまうのであるが、公的扶助依存に関する研究の多くがまさにそれにあたるというのだ（Garrow and Hasenfeld 2015：1）。つまり、「公的扶助依存」を政府自らが定義し、「公的扶助依存」の研究を助成する。Garrow と Hasenfeld（2015）の実証主義的ソーシャルワーク研究への批判は、抑圧、搾取、不平等の原因に政治的要素が含まれることを否定できないにもかかわらず、ソーシャルワーク研究者は政府助成による研究をどうして行うことができるのか、ソーシャルワークの使命との折り合いはどうなるのかと警告している[16]。

1.2　リサーチ・デザイン

　科学の手続きは、存在論と認識論によって大きく左右される。そして、社会科学が自然科学に触発されてきたのであれば、その手続きも自然科学に倣うのは当然かもしれない。実証主義者は、自然科学と同じく仮説や理論を検証するために人工的な一定条件を設定して現象を引き起こし、それを観察・測定する実験（experiment）を重要なリサーチ・デザインと考えたはずである。

　しかしながら、社会科学の対象、例えば、人々（集団）の思考、行動、習慣、傾向といったものは実験室で再現できない場合が多い。そこで社会科学は実験（experiment）に加えて、準実験（quasi-experiment）、社会調査（social survey or research）の量的調査（quantitative research）[17]と質的調査（qualitative research）、事例研究（case study）を採用してきた。

（1）実験と準実験

　実験は、人工的な一定条件を設定して現象を引き起こし、それを観察・測定することであるが、ある現象の因果関係を明らかにしたい場合、原因となる要因（独立変数）を変化させたときどのような結果（従属変数）がそこに生じるのかを観察・測定することである。例えば、同質と考えられる被験者をある要因の暴露を受ける実験群（experimental group）とそれを受けない統制群（control group）に無作為に振り分け、ある要因に関して実験操作を行いそれぞれの反応（結果）を測定し 2 群間の差を統計解析などの手法を用いて検討する（図 1）。

　一方、無作為割付なしで実験群に対する介入の因果的影響を推定するために使用されるのが準実験である。被験者を実験群と統制群に無作為割付が実現困難な場合や倫理的に問題となる場合に実験に代わり準実験が用いられる。[18]

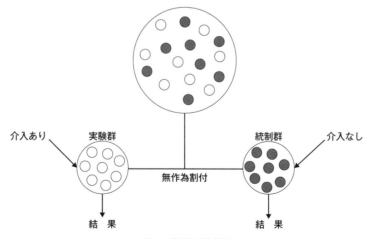

図 1　実験の模式図

（2）事例研究

　事例研究とは、関心ある社会現象について1つもしくは少数の分析単位（個人、家族、集団、コミュニティなど）を事例として取り上げ、事例の固有性を踏まえつつも社会的・文化的背景との関連について多角的に分析と記述を試み、そこからその社会現象に関する一般法則を見いだしていく研究方法である。本書で取り扱う判例も事例の1つであり、読者は判例分析から家族間暴力についてその一般的背景の一端を知ることになるであろう。

　事例研究が扱う事例（数）が1つもしくは少数であることから「一般法則を見いだしていく研究方法」とは些か矛盾したように思える。しかし、ある社会現象の一般法則に対する反証例としての事例が存在すればその一般法則の改定や破棄を迫ることになる。また、一般法則を支持するような典型的事例の発見とその細部を研究することによりその一般法則の改善を促す側面もあるといえる。ソーシャルワーク研究で事例研究といえば、2章で論じているように援助・介入プロセスの記録（援助記録）を詳細に検討・分析し援助の成否の一般的背景を見いだそうとすることである。

（3）社会調査 ── 量的調査と質的調査

　社会調査は最もよく用いられるリサーチ・デザインである。[19] 被験者（調査対象者）[20]に対してあらかじめ用意した質問群を訊ねたり、観察したりするなどして調査対象の行動、思考、意識、慣習等の実態を明らかにしようとするものである。アンケート票を用いた社会調査は最も一般的であり、精度の高い質問票には属性を訊ねる項目群に加えて、調査対象の行動、思考、意識、慣習等を測定する妥当性（validity）と信頼性（reliability）が確認された尺度（scale or measurement）から構成されている。あまり研究が進んでいない現象や既存の尺度ではとらえきれない事柄について尋ねる場合には回答者は自由記述で回答できる質問も用意されることがある。

　通常、アンケート票は調査対象者に何らかの方法で配布、回答の後に回収することが多いが、調査者が調査対象者に対して直接インタビュー（面接）[21]

形式で質問を訊ねることもできる。そうすることで、アンケート票の回収率は上がるとともに回答者が回答に窮する質問について説明することもでき未回答を回避できる利点もある。アンケート票を用いたインタビューにはさらにインタビュアーとインタビュイーの信頼関係のうちに、インタビュアーの自由度の高い質問とその投げかけ方、インタビュイーの自由な形での回答（発話の抑揚、表情、身振り手振りなど）によって調査対象者（ここではミクロレベルの）の思考、意識などの内面を深く掘り下げることができる強みがある。

　アンケート調査から得られるデータは主に数値・記号と言ってよいであろう。これらを量的データと呼ぶ。一方、インタビューで得られるデータは主に録音データと画像・映像データであり、録音データはテキスト・データに、画像・映像データはその場面に対する分析者の解釈と関連付けられテキスト・データに変換される。例えば、録画データにある学生が「学校は、楽しい。」と発話しているにもかかわらずその表情が無表情に見える場合には【インタビュイー 01:「学校は、楽しい」（無表情）】とテキスト・データに変換できる。これら、調査者が分析するテキスト・データに変換される録音データ、映像・画像データ、自由記述データのように数量的には測定できないような言語・文字によって記録されたデータを質的データと呼ぶ。つまりは、データは（数）量的データ（定量的データとも呼ぶ）[22]と定性的データに分類されており、社会調査は大きく量的調査と質的調査に分類できると考えてよい。

量的調査 ──変数と尺度水準

　量的調査は統計的調査とも呼ばれ、世論調査（opinion research）や国勢調査（census）のように社会の実態を把握するために大規模データから統計学を用いて母集団（population）に関する推測を行う[23]。ただし、研究の問い（research question）によって、データ取集を一時点で行う場合と複数の時点で行うことがある。前者を横断的デザイン（cross-sectional design）、後者を縦断的デザイン（longitudinal design）と呼ぶ。例えば、自殺者数（および率）は毎年集計されるが、自殺率と失業率の関連を検討するのであれば（適切な標本抽出法による十分なデータ数を備えた）一時点データで十分な場合もあ

る。一方で自殺率の経年変化の様子に都道府県別に違いがあるかを検討するのであればデータ収集は複数回行う必要がある。なお補章では、量的調査に必要な統計学の基礎についてまとめてある。量的調査を理解するうえではまず、変数（variable）を理解する必要がある。

通常、変数とは「数を表す文字が2つ以上の値を付与できるとき、その文字を指す」と定義できる。y が x の関数、$y = f(x) = \alpha + \beta(x)$ ならば、左辺の y を従属変数、右辺の x を独立変数と呼ぶ。なお、α は値が一定の定数、β は x を増減させる係数である。

例えば、ある時給制の契約社員の月収額（y）が定額の手当（α）と時給（β）、そして労働時間（x）から決まるとすると、月収額 = 手当額 + 時給（労働時間）と置き換えることができる。この式中の文字で値が変化するのは、月収額（y）と労働時間であり、手当（α）と時給（β）は変化しない。こうしてみると従属変数は結果、独立変数は原因とみることができる。

変数に話を戻そう。先の変数の定義に従えば、性別（男性 = 0、女性 = 1）、年齢、身長、体重、収入額も変数として扱うことができる。変数がある値を取るときは一時点であることを考えると、変数を「測定対象のある時点における特徴・状態を数値で表す文字」とわかりやすく定義できる。

変数は、データの性質によっては2つに、尺度の水準によっては4つに分類される。

名義尺度（nominal scale）は、名で個体を分類できるものを指す。例えば、人間集団は生物学的に女性と男性に分類できる。それぞれ0と1を対応させることができるが、0と1の大小関係は問わない。度数、割合、最頻値を求めることはできるが、平均値や中央値を求めることに意味はない。個体識別番号のID番号、出身地等も名義変数である。

順序尺度（ordinal scale）は、順位で個体を分類できるものを指す。例えば、CD売上枚数の多い順に、1（位）、2（位）、3（位）、4（位）、5（位）というように数値を対応させることができるものである。順位変数の数値の間には大小関係があり、この例の場合には、1>2>3>4>5 という関係が成り立つ。数値間の差や比、平均値を求めることに意味はないが、中央値と最頻値を求めることには意味がある。

　間隔尺度（interval scale）は、原点 0 はないものの、任意に等間隔で付与される数値間に大小関係と差を検討できるものを指す。また、数値間の比には意味がない。平均値、中央値、最頻値、そして散布度（分散、標準偏差）を求めることができる。

　比率尺度（ratio scale）は、原点 0 を有し、数値間の大小関係、差、そして比に意味があるものを指す。長さや量にまつわるものすべて比率尺度である。したがって、平均値、中央値、最頻値、そして散布度（分散、標準偏差）を求めることができる。

表 1　変数の例

根源事象	年収入	変数 X		根源事象	性別	変数 X：「表が出る回数」
300 万円	⇔	300（$=x_1$）		「裏」が出る	⇔	0（$=x_1$）
250 万円	⇔	250（$=x_2$）		「表」が出る	⇔	1（$=x_2$）
150 万円	⇔	150（$=x_3$）				
575 万円	⇔	575（$=x_4$）				

表 2　尺度水準

データの種類	尺度の水準	説明	例
質的データ	名義尺度	名によって、性質を区別できる	性別（男＝1 女＝0） 個体識別番号の ID 番号（1, 2, 3, 4, 5 …） 出身都道府県（北海道＝1 沖縄県＝47）
	順序尺度	数値は順序（大小関係）を示す	CD 売上枚数ランキング　1（位）、2（位） 成績(不可＝1 可＝2 良＝3 優＝4 秀＝5)
量的データ	間隔尺度	順序があり等間隔で数値が増減する。原点 0 がない	摂氏・華氏温度（20℃・37℉）
	比率(例)尺度	間隔尺度の性質に加えて原点 0 がある	長さ（178cm） 年齢（9 歳、10 歳、11 歳） 事件発生件数　35,000 件 時給額　1,100 円

質的調査

　質的調査（定性的調査とも呼ばれる）は多様である。データの取得・分析に関する手法には、例えば、フィールドワーク（field work）、参与観察（participant observation）、エスノメソドロジー（ethnomethodology）、グラウンデッドセオリー（grounded theory approach）、事例研究（case study）、内容分析（content analysis）、会話分析（conversation analysis）などさまざまなものが存在する。敢えて質的調査の特徴としてその作業をまとめるとすれば、①観察（非参与観察、参与観察、統制的観察）、面接（自由面接、構造化面接、半構造化面接）などを行い、それを②記録→整理→テキスト化し、③テキスト・データなどの質的データに解釈を施し、場合によっては分析結果（意識、思考、行動、慣習、概念、概念間の関連等）を図示化することもある。

（4）認識論とリサーチ・デザイン

　実証主義が研究の手続きの客観性を追求するのに対して、解釈主義は調査者と調査対象の主観性を排除することはしない。むしろ調査対象者の余すことない主観的・意味的世界を引き出すために調査者は調査対象者に影響を及ぼすことを厭わない。例えば、質問紙調査に使用される質問の文言は一度設定されればすべての回答者は同じ文言という刺激に反応する。一方、インタビュー調査における調査者と調査対象者のやり取りは部分的に構造化されていることは多いものの、使用される文言は調査者の判断で適宜変更されるのである。

　表3に基礎付け主義（に対しての反基礎付け主義）と手続きの客観性（に対しての相対性）の2つの条件で実証主義と解釈主義の立場を示した。ここで両者は互いに排反である。では、認識論的立場とデザインの関係はどうかというと、実証主義については実験、量的調査、を採用する一方、解釈主義のそれは質的調査と事例研究ということになり、ここでも実証主義と解釈主義は排反の関係にあることがわかる。

　実証主義と解釈主義はその根底にある存在論からして立場が異なり、それはリサーチ・デザインと手法の選択の違いにまで及ぶことがわかった（表4、

表 5）。この論争を代理しているのが、量的調査と質的調査をめぐる論争であり、この論争にいまだに終止符は打たれてはいない。しかしながら昨今、量的研究と質的研究の結合を試みる混合アプローチ（mixed approach）が注目を集めている。

表 3　手続きの客観性・相対性と基礎付け主義・反基礎付け主義

基礎付け ＼ 手続き論	手続きの客観性	手続きの相対性
基礎付け主義	実証主義	×
反基礎付け主義	×	解釈主義

表 4　認識論とリサーチ・デザイン

デザイン ＼ 認識論	実証主義	解釈主義
実験と擬似実験	○	×
横断的		
量的調査	○	×
質的調査	△	○
縦断的		
量的調査	○	×
質的調査	△	○
事例研究	○	○

表 5　リサーチ・デザインと量的研究・質的研究

データの性質 ＼ デザイン	実験	サーベイ（横断的／縦断的）	事例研究
量的	○	○	○
質的	×	○	○

注

1　知識生成に関する科学者間のすれ違いについては、次の書籍をあたられたい。戸田山和久『科学的実在論を擁護する』名古屋大学出版会。

2　基礎付け主義の立場では、体罰問題は一意的に定義でき観察・測定が可能と考える。よって、体罰を引き起こす要因は当事者の内外に存在し、これら要因間の因果関係の客観的記述を目指す。

3　ちなみに、「『真理はない』は真である」と相対主義者がいうとき、これは明らかな矛盾である。

4　Richmond, M.E. (1917) *Social diagnosis*. New York: Russell Sage Foundation（= 2012、杉本一義監修『社会診断』あいり出版）.

5　ドイツ生まれの理論物理学者。1905 年には特殊相対性理論、光量子論、分子運動のブラウン運動理論、1916 年には一般相対性理論を発表する。いずれも今日の物理学における基礎理論である。1921 年に光量子論の業績でノーベル物理学賞を受賞している。

6　オーストリアの理論物理学者。物質波を表す波動関数の時間的変化を決定する微分方程式、シュレディンガー方程式を発見する。量子力学の代表的創始者の 1 人である。1933 年ノーベル物理学賞を受賞。

7　ドイツの理論物理学者。行列力学の確立および不確定性原理を発見。シュレディンガー波動力学と行列力学は等価であることが判明している。量子力学の代表的創始者の 1 人である。1932 年ノーベル物理学賞を受賞。

8　コントについては、Comte, A. (1854) *Système de Politique Positive,contenant tous les opuscules primitifs de l'auter sur la philosophie social*. Palala Press（= 2013、杉本隆司訳『コント・コレクション ソシオロジーの起源へ』白水社）を参照されたい。

9　Durkheim, É. (1895) *Les Règles de la Méhode Sociologique*. F. Alcan（= 2018、菊谷和宏訳『社会学的方法の規準』講談社）.

10　野家 (2001 : 4) によると「『実証的 (positive)』という言葉は、ラテン語の『設定する (ponere)』という動詞の過去分詞形『設定されたもの (positum)』に由来する。17 世紀の科学革命の過程で、この語は神によって設定され、人間には 変更不可能な自然法則のあり方を示すために用いられるようになり、やがて『事実的』『現実的』『確実な』といった科学知識の基本性格を表す言葉となった。つまり『経験的事実に基づいて正当化された確実な知識』が『実証的』と形容されたのである。そこから、経験的事実のみを知識の唯一の源泉として認め、感覚的経験によって確証できない超感覚的実在や形而上学的実体を無意味として否定するような哲学的立場が『実証主義』と呼ばれることになる』」。野家啓一 (2001)「『実証主義』の興亡 ――科学哲学の視点から」『理論と方法』16, 1, 3–18。

11　Agnew, E.N. (2004) *From charity to social work: Mary E. Richmond and the creation of an American profession*. Urbana, IL, University of Illinois Press.

12　Reamer, F. G.（1999）*Social work value and ethics*. Columbia University Press.

13　主体間の情報量に差がある状態。

14　医療は科学的イメージの強い実践ではあるが、医療者の経験（知）と勘に頼ってきた歴史がある。統計学・疫学の検証に耐えうる根拠（evidence）に基づく医療の歴史はさほど古くなく、1990 年代初頭に医療・教育・研究の分野で紹介され今日に至っている。詳しくは、Evidence-Based Medicine Working Group（1992）Evidence-based medicine. A new approach to teaching the practice of medicine. *Journal of the American Medical Association*, 268（17）, 2420–2425.

15　Burr, Vivien（1995）*An Introduction to Social Constructionism*. London: Routledge（= 2002、田中一彦訳『社会的構築主義への招待』川島書店）.

16　生物学上の性とは別に、歴史的・文化的・社会的に形成される男女の差異をジェンダー（gender）と呼ぶ。フェミニスト認識論では、経験主義的科学による知識生成は男性優位に進められてきたのであり、それは知識の客観性と価値中立性を否定しており、社会階層が抑圧、搾取、不平等といった社会問題の学問的探究に深く影響を与えるという認識が重要だとしている（Garrow and Hasenfeld 2015:5）。

17　ここに横断的研究と縦断的研究はリサーチ・デザインの 1 つであるが量的調査による知識生成、つまり統計的一般化を目指すデザインである。よって本書では量的調査で両デザインを紹介することとする。

18　ソーシャルワークの介入研究では被験者を無作為割付することなど倫理的ハードルは高い。同じ問題を抱える被験者を無作為割付し、介入の結果、実験群に効果、つまり、問題解決・緩和があった場合に、統制群に割り当てられた被験者の「仮に実験群に割り当てられた場合に得られていただろう利益」はどのようにとらえるべきか問題になる。

19　社会調査の詳細については次の文献などを参照されたい。Punch, Keith F.（2013）*Introduction to Social Research*. SAGE Publications Ltd.

20　調査対象は、個人、集団、市町村都道府県等の自治体、国とミクロからマクロレベルにまで及ぶ。対象は分析の段階では分析単位（analysis unit）とも呼ばれる。

21　訪問・面接法、郵送法、留置法、一斉配布法、WEB 調査法などがある。

22　数量的データでも名義尺度と順序尺度で測定されるデータは質的データと呼ぶ。

23　統計的調査には、標本調査（sampling survey）と悉皆調査（complete survey）があり、標本数≦全数の関係はもちろんだが、標本による母集団の推測の精度は標本抽出法（sampling）と標本数（sample size）に依存する。

● ● ● 章末問題

問 1） 基礎付け主義と反基礎祖付け主義の違いについて説明せよ。

問 2） 実証主義と解釈主義の違いについて説明せよ。

問 3） EBP（Evidence Based Practice）登場の背景について説明せよ。

第2章　攻撃性

2.1　行動の獲得

　そもそも人間の行動（human behavior）はどのように身に付き、どのようにして引き起こされるのか。数多の学術領域（例えば、生物学、心理学、人類学、経済学、社会学、精神医学等）で人間行動のメカニズムを明らかにしようとさまざまな試みがなされている。パブロフ（Pavlov, I. P.）の古典的条件付けから始め、あらゆる学説をバランスよく紹介したいが紙幅に限界がある。ここでは、「はじめに」に示した本書が依って立つ人間観に沿いながら人間行動と攻撃的行動を考えることにする。

　単純な摂食行動について考える。摂食とは、人間が生命を維持し活動し成長をするために必要なエネルギーおよび栄養素を摂取することである。摂食のプロセスを図示すれば図1のようになるであろうか。まず、生理的欠乏状態があり、それによって感覚・認知としての満・空腹感が引き起こされ、空腹感がある場合に摂食行動が引き起こされる。心理学と行動経済学では、食物（栄養素・エネルギー源）は動機（motive）もしくは動因（incentive）と呼ぶ。

　図1の枠組みで人間行動を理解するのであれば、人間にとって何が動機・動因であるかを特定しなければならない。マズロー（Maslow, A.）は、5つ

図1　摂食行動の模式図

表 1　欲求理論

Masolw の欲求階層理論	McClelland の達成動機理論	Alderfer の ERG 理論
自己実現欲求	権力	成長欲求
自己的尊厳欲求	達成	
対人的尊厳欲求		
愛情欲求	所属	関係欲求
対人的安全欲求		
安全欲求		存在欲求
生理的欲求		

の基本的欲求を示したが、ほかにもさまざまな欲求が示されている（表1）[2]。生物として生理的欲求といった低次欲求を希求するならまだしも、他者との関係性から生じるような関係性欲求、承認欲求、支配欲求等を特定し網羅することは困難な作業である。では、どのように行動の原因となる動因を探索すればよいのであろうか。次に紹介する行動分析学はその手掛かりの１つを示してくれる。

（1）行動分析学

　行動一般について行動随伴性（behavior contingency）から説明を試みるのが行動分析学である[3]。先ほどの摂食行動を図２のように説明する。行動の《摂食》の前には《空腹感》があるが、《摂食》後には《空腹感》が消失する。行動の前後の環境・状況の変化が行動を強化もしくは弱化するというのである。このように行動（Behavior）の前の状況である先行事象（Antecedents）と行動の直後の環境・状況の変化としての結果（Consequences）の三項関係を探索・分析する枠組みを行動随伴性と呼ぶ[4]。

　さて、お金は人間にとって強力な動因であることは間違いないが、子どもに《お手伝いをする》という行動を強化したい場合どのような戦略をとるべきであろうか。おそらく、《褒める》、もしくは、《お小遣いをあげる》ことを考えるであろう（図2）。子どもは、お手伝いをした後に好ましい結果が

生じたことをきっかけに《お手伝いをする》という行動を強化する可能性がある。これを「好子 (positive reinforcement) 出現による行動の強化」という。一方、お手伝いによって手にしたお金（好子）を《無駄遣い》によって消失し、ほかに買いたいものが買えなかった場合、《無駄遣い》で行動は弱化される。これを「好子消失による行動の弱化」という。

　好子が行動の直後に出現する好ましい結果（あるいは事象や条件）であるのに対して、嫌子 (negative reinforcement) は、行動の直後に出現する好ましくない結果である。例えば、部屋を散らかした子どもが母親に叱られている場面を考えてみる。《部屋を散らかす》という行動の前には、《母親は怒っていない》という状況があるが、《部屋を散らかす》という行動の後には《母親が怒っている》という好ましくない結果が生じる。子どもはこれをきっかけに《部屋を散らかす》という行動を弱化させる可能性がある。これを、「嫌子出現による行動の弱化」という。なお、摂食は嫌子が消失して行動が強化される例であるが、これを「嫌子消失による行動の強化」という。行動随伴性を整理すると表 2 のようになる。

「好子出現による強化」	《お金なし》→《お手伝い》→《お金あり》
「好子消失による弱化」	《お金なし》→《お手伝い》→《お金なし》
「嫌子出現による弱化」	《怒っていない》→《部屋を散らかす》→《怒っている》
「嫌子消失による強化」	《空腹感あり》→《食べる》→《空腹感ない》

図 2　行動分析学の模式図

表 2　好子・嫌子の出現・消失と行動の強化・弱化の関係

	好子	嫌子
出現	強化	弱化
消失	弱化	強化

（2）社会的学習理論

　行動分析学は、人自身が直接取った行動にともなって出現と消失する好子と嫌子より行動が強化・弱化されることを示した。しかなしながら、われわれは経験的に他者の行動を観察（observing）し模倣（modeling）し同様の結果を得ようと行動することがある。例えば、お手伝いをして、お小遣いをもらって喜ぶ兄を観察した弟は、《お金なし》→《お手伝い》→《お金あり》という一連の事の起こりをスキーマ（schema）として構築し、兄と同じようにお手伝いをするであろう。

　このように自身の直接的経験を経なくても観察や模倣を通じて行動を身に付けること、学習できることをバンデュラ（Bandura, A.）（1977）は示した。[5]観察学習は4つの段階からなるプロセス（図3）を辿る。まず観察学習者は、観察対象に注意（attention）を向ける。身近な両親や兄弟姉妹、そして友だちのみならず、テレビや絵本で見たキャラクターもモデルになる可能性がある。

　次に、観察した一連の出来事を情報として脳に記憶する保持過程（retention）である。お手伝いの例のように観察事実を情報として言語化、抽象化、イメージ化して保存する段階である。

　運動再生過程（reproduction）では、保持された情報を引き出し実際に行動に移す段階である。記憶された情報どおりの行動をとることができるか、また、そのことによって同様の結果が引き出せるか、情報と自身の行動・結果の差異を検討し、場合によっては情報と行動の修正を行う。

　最後の動機付け過程（motivation）では、観察によって学習された新たな行動がそもそも動機付けられるかの段階である。動機付けられた行動の直後に出現する好ましい結果（つまり、動因）による外的強化（external reinforcement）、被観察者の行動の直後に好ましい結果が与えられることを観察し、自身がその行動をとった場合に得られる結果に関する期待としての代理強化（vicarious reinforcement）、そして自身の行動に満足感を得てさらにその行動を強化する自己強化（self reinforcement）の3つがある。

図3　観察学習のプロセス

(3) 行動随伴性と攻撃性

　家庭におけるしつけと称する体罰、教育現場あるいは課外活動の指導の場面で用いられる体罰は今や大きな社会問題となっている。この体罰行為がなぜ実践強化されるのかを行動随伴性から考える。子どもの《問題行動》を、体罰する側とされる側（子ども）の観点から考える。

　まずは、体罰をする側の行動随伴性は図4のとおりとなる。《問題行動》は体罰をする側にとっては明らかに嫌子であり《体罰をする》の直後に《問題行動》の嫌子が消失し《体罰をする》ことを強化する。《問題行動》の消失時間、つまり《体罰をする》ことの子どもの《問題行動》への抑制効果の持続性は体罰を受ける子どもによって異なるが、体罰をする側にとって、《問題行動》が出現するたびに《体罰をする》そして直後に《問題行動》が消失すれば《体罰をする》はますます強化されていく。体罰の《問題行動》抑制効果の持続性が短い子どもはしつけとしての体罰を頻繁に経験することになる。つまり、体罰がエスカレートすることがある。

　次に、体罰を受ける側からみてみる。行動随伴性は図5のとおりである。

《問題行動あり》　　→　　《体罰をする》　　→　　《問題行動なし》

図4　体罰と問題行動の行動随伴性

《体罰なし》　　→　　《問題行動をする》　　→　　《体罰あり》

図5　問題行動と体罰の行動随伴性

《問題行動》をする前には《体罰》つまり嫌子はないが、《問題行動をする》直後に嫌子が出現し子どもは《問題行動をする》を弱化させる。ただし、《問題行動をする》の背景にある動因（何らかのニーズ）が《体罰》嫌子の消失よりも重要な場合には《問題行動をする》は短時間のうちに再現され、再び《体罰》嫌子の出現に見舞われるのである。

　日本行動分析学会は 2014 年に『「体罰」に反対する声明』を出している。[6]声明では、

> 私たちは「体罰」を学び手の学習を口実とした教え手による暴力行為とみなします。[……] 私たちは、行動分析学や関連諸領域の研究成果から、主に次の 3 つの理由により体罰に反対します。まず、「体罰」が本来の目的である効果的な学習を促進することはありません。次に、情動的反応や攻撃行動、その他の多様な問題行動などが生じるという副次的な作用が生じます。そして、「体罰」に頼ることなく学習をより効果的に 進める方法が存在します。私たちは、学会として「体罰」を禁止し、「体罰」を使わずに学習を進める方法の研究開発をいっそう進め、研究成果を社会に還元することを宣言します。

とある。

　さて、この一連の出来事を別のところから観察している者がいるとしよう。観察者は、①何が起こっているかに注意を払い、②事の成り行きを記憶に保持し、③《体罰をする》を再生し、④《体罰をする》が引き出した結果が好ましいと予期的に評価できれば《体罰をする》を強化する。また別の観察者は、《問題行動》が引き起こす《体罰》嫌子の出現を観察し、《問題行動をする》を弱化させるのである。

　バンデュラらは、3〜6 歳の児童を実験群と統制群とに分け、実験群の子どもたちには大人が風船人形を攻撃する映像とアニメーションを見せ、子どもたちに攻撃模倣が観察されるかの実験を行った。その結果、実験群は映像を見ない統制群に比べて遊戯中により多くの攻撃反応を示し、とりわけアニメーション映像よりも大人が風船人形を攻撃している映像による攻撃促進効

果が極めて高かった。この実験では、実験群被験児の 90% が攻撃模倣を示し、男児は女児に比べて攻撃行動を多く模倣することが観察された[7]。

　行動随伴性から攻撃行動を含む人間行動の背景には正負の動因（好子・嫌子あるいはインセンティブ）があり、その出現・消失によって行動は強化・弱化すること、そして直接的な経験を経なくても観察・模倣によって行動は学習されるということが示された。攻撃行動ということでいえば、今日的な問題として暴力シーンを含む映像やビデオゲームに触れる機会の多い子どもたちへの影響を懸念する声がある。このような懸念に対して、2005 年アメリカ心理学会は声明を発表し、暴力的なビデオゲームの研究に関する包括的な分析から暴力的なビデオゲームに曝されると（a）攻撃的な振る舞いを増加させる、（b）攻撃的な思考を増加させる、（c）怒りを強める、（d）他者への援助行動を減少させる、（e）生理学的な覚醒度合を増加させるという見解を示している[8]。

（4）欲求不満と攻撃行動

　人がある欲求を満たしたいにもかかわらずそれを獲得できない状況、つまり、欠乏欲求の欠乏が自覚される状態、別言すれば「状況をコントロールできず目標を達成できない状態」を欲求不満あるいはフラストレーション（frustration）と呼ぶ。ダラードら（Dollard, J.）(1939, 1959) は、人は欲求不満を解消するために時として攻撃的になることがあるとする欲求不満―攻撃性仮説（Frustration-aggression hypothesis）を提示した[9]。過去に玩具屋の前を母親と通った時に「ママ、あのオモチャを買って」とおねだりし欲しい玩具を買ってもらった子どもがいるとする。子どもの《おねだり》行動を行動随伴性で考えれば図 6 のとおりになる。

《玩具なし》　　→　　《ねだる》　　→　　《玩具あり》

図6　おねだりの行動随伴性

　ある日、この子どもが母親と例の玩具屋の前を通った時、魅力的な玩具が目に飛び込んできた。当然この子どもは《おねだり》を始めるが母親は耳を貸そうとしない。子どもは過去に成功した自身の行動の目的が一向に達成されない状況に陥り（つまり、フラストレーションを感じ）、遂には泣きながら母親を叩いてしまう。この一連の出来事を図6に追加すると図7のようになる。仮に、子どもの攻撃行動《叩く》の後に《玩具あり》、つまり母親が子どもに玩具を買ってあげた場合には、子どもの《叩く》は好子出現による強化が起こる。

　マズローの5つの基本的欲求は、成長欲求と欠乏欲求に分類できる。そして、欠乏欲求には生理的欲求（生理的欲求と安全欲求）と社会的欲求（所属欲求と承認欲求）が含まれる。欲求不満―攻撃性仮説の枠組みでさまざまな水準での欠乏欲求に対する欲求不満と攻撃性を検討できる。経済的困窮は生理的欲求を充足するうえで深刻な問題を生じさせそのことが攻撃行動を誘引、つまり、衣食住といった生活資源の枯渇は人間を深刻なフラストレーション状態に陥れそのことが攻撃行動を誘発することも考えられる[10]。U.S. Department of Health Services の行った国勢調査によれば、貧困家庭の児童は、平均所得以上の家庭の25倍の高さで虐待を受ける危険があると報告している[11]。

　また、大渕（2011：112）は、「男性が親密な女性に攻撃を加えるとき、その多くは性的関係を拒絶されたときである」[12]とし、生殖機会の剥奪は大きな欲求不満を生むとしている。男女関係は性欲や生殖欲という生理的欲求を充足する関係だけではない。最も身近な者からの親和欲求や所属欲求といった社会的欲求をも充足する重層的構造をもつ関係性である。男女関係のもつれ、家族間の不和、いじめなどによる社会的拒絶による親和欲求の充足が阻害されるとき、人は攻撃的になることを欲求不満―攻撃性仮説は示唆するのである。

《玩具なし》 → 《ねだる》 → 《玩具なし》 → 《フラストレーションあり》 → 《叩く》 → 《フラストレーションなし》

図7　《おねだり》から《叩く》までの行動随伴性

(5)　攻撃行動の社会的機能

　行動が動機付けられるためには、行動によってもたらされる結果が行動主体にとって好ましいものでなければならない。お手伝いをする子どもはお小遣いを、子どもに体罰を振るう者は自身が信じる子どもとしての好ましい行動・態度を、特定の相手にプレゼントをしたりご馳走したりする者は親密な関係を求める。

　行動にはコスト（体力、時間、金銭、努力等）がともなう。したがって、社会的交換理論を提唱したホマンズ（Homans, G.）（1961, 1978）流にいえば報酬（rewards）からコスト（costs）を差し引いたもの、価値（worth）の大小によってある行動が動機付けられるか否かを次式のとおり説明できる[13]。

$$Worth = Rewards - Costs$$

　行動・行為の結果としての価値をあらかじめ計算・見積もることができるのであれば、人は攻撃行動によって達成したい目標（例えば、欠乏欲求を獲得すること）を設定すると考えられる。このように、人がある目標・目的を達成するために手段として攻撃行動を自覚的に選択することがあるとする立場を社会的機能説と呼ぶ（大渕 2011：20）。なかでも、テダスキーとフェルソン（Tedeschi, J. T. and Felson, R. B.）は社会的パワー（social power）の行使、社会的アイデンティティー（social identity）の確立、社会的正義（social justice）の回復を目的に攻撃行動が動機付けられると主張する社会的相互作用説（social interactionist theory of coercive actions）を提唱した[14]。

　他者からの承認欲求は、社会的地位・権威・権力を獲得することで充足されることがある。例えば、国家資格を有する職業いわゆる専門職（例えば、法律家、医師、獣医師、公認会計士、税理士、一級建築士等）への社会的信用と他者への影響力は他職に比べ高いといってよいであろう。また、彼らの経済力は他職に比べ概ね高い傾向にあり、彼らは生活資源に容易にアクセスできる立場にある。つまり、社会のなかで専門職に就くということは、家族や知人といった身近な他者からの承認はもとより、見ず知らずの数多の他の社会構成員からの承認、信用・信頼、権威を社会からのお墨付きのもと自動

的に付与されるようなものである。このように、ある集団や社会においてある個人や組織が、他の構成員に対して持つ影響力の程度のことを社会的パワーと呼ぶ。この社会的パワーの多寡が社会のなかに地位や階級をもたらし、階級は資源分配のありようを大きく左右するのである。

　さて、社会的パワーの行使としての攻撃行動はあらゆる場面で日常的に観察される。親と子、教師と生徒、先輩と後輩、友人間の序列、上司と部下、監督とコーチ、行政と市民等々、社会の構成員間にはさまざまな序列が存在し、時として社会パワーの行使として攻撃行動が意図的に用いられる。体罰、いじめ、パワーハラスメントはその典型例であり、社会的序列の高い者（親、教師、先輩、いじめっ子のリーダー、上司、監督、行政等）は、問題解決、報復、そして強制を目的として攻撃行動を選択する。

　ある個人や組織による社会的パワーの行使は、「私は、～のような者である」ことを他の構成員に認識させる機能を持つことは言うまでもない。そして、人は自身の人物像・イメージを社会的に価値のあるものに見せようとする。先ほどの社会的序列の高い者は、他の構成員のなかに、自身は「力のある」「尊敬できる」「信頼できる」「寛容な」人物といった人物像の確立を目指す。この社会的人物像を社会的アイデンティティーと呼び、この社会的アイデンティティーが脅かされる事態、例えば、序列が自身よりも下の者から反抗などがある場合にその葛藤を解消するために攻撃行動を選択することがある。

　社会的アイデンティティーには、社会的価値観が投影されている。「力のある」「尊敬できる」「信頼できる」「寛容な」という人物像、イメージの根底には、社会の構成員間で広く共有される規範や価値が存在することは言うまでもない。それは、自身と他者の権利の尊重、法の下の平等、集団や社会の持続という具合にミクロからマクロまでのあらゆる水準に及ぶものであり、これを社会的正義（あるいは、社会的公正）と呼ぶ。人もしくは集団は、この社会的正義が損なわれたとき、これを回復するために報復・制裁としての攻撃行動を選択することがある。例えば、個人レベルの報復、人種・民族・宗教・国籍による差別に抗議する集団による暴力行為、民族紛争、領土帰属にまつわる国家間の戦争などがある。

(6) 攻撃行動の自己制御

　ホマンズの価値計算は、人は合理的な認識・計算主体であることを示す。人がある状況下においてある行動をとることのコストと報酬に関する情報分析を行った結果、その価値が正であれば行動が選択されるし、負であればその行動は選択されることがないというものであった。

　社会的学習理論でも、人は直接的経験を介さずとも観察を通じて行動を身に付けることがあるという。その過程のなかでも「注意過程」「保持過程」、そして「動機付け過程」はいずれも認知過程と呼べる性質のものであり、行動には刺激に対する刹那の反応ということのみならず、そこに至るまでに何らかの認知過程を経るものがあると考えられる。

　例えば、欲求不満が攻撃行動を引き起こすとして、図 8 のように欲求不満と攻撃行動の間に認知過程（あるいは、計算過程）があると考えるほうが自然ではなかろうか。

　玩具の例で子どもが母親を叩くまでの流れは図 7 のとおりであったが、《フラストレーションあり》と《叩く》の間に、「もし、ここでママを叩いたら好ましくない結果（ママが怒る、今後一切玩具を買ってもらえなくなるなど）が起こる可能性がある」と認知過程あるいは情報分析が介することで《叩く》以外の行動が選択される可能性もある。このような認知過程を制御的認知過程（controlled cognitive process）、その判断に基づいた行動選択のことを自己制御（self control）と呼ぶ。このような認知過程における情報処理・分析による認知的評価は、行動選択のみならずすでに強化された行動の変容においても重要な役割を果たすことが期待できる。[15]

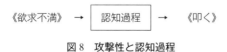

図 8　攻撃性と認知過程

2.2 家族間暴力の要因

　人の攻撃行動に関する代表的な諸学説を概観してきたが、攻撃行動が説明
し尽くされているわけではない。攻撃行動には衝動的なものから、意思決定
のともなう計画的なものまで存在する。人によってあまり怒ることがなく、
攻撃行動とはまったく無縁な者がいる一方で、実に怒りっぽく意識的あるい
は無意識的に攻撃行動にでる者もいる。個体差、群間差、社会・文化間の差
と言ってしまえばそうだが、ここには紹介できなかった数多の理論・仮説に
基づく研究が人の攻撃行動の一般的性質を見いだそうとしており、なかには
これまでの知見を統合しようという動きもある。[16]
　経済的困窮が生活資源へのアクセスを困難にさせ、そのことが欲求不満を
引き起こし、その欲求不満が攻撃行動を誘発することがあることはすでに述
べた。経済的困窮、つまり貧困はもとより、社会科学的アプローチにより攻
撃行動と関連する人口統計学的（demographic）な要因（変数）が示されて
きた。ここでは主に家族間暴力に関する先行研究が示してきた家族間暴力と
の関連が示唆される要因を紹介する。

（1）性別

　バンデュラの風船人形の実験では、男児は女児に比べて攻撃行動を多く模
倣することが観察されたことはすでに述べたが、攻撃性に関する多くの実験
は、男性は女性よりも攻撃的であることを支持している（Tedeschi & Felson
1994：84）。
　犯罪統計も男性が女性に比べて攻撃的であることを示唆している。表3
は、平成25年から平成29年の5年間にわたって攻撃行動のともなう刑法犯
の検挙人員（計数）を性別に示したものである。嬰児殺しを除いて、男性の
検挙人員は女性よりも多い。日本の人口の男女比が49：51であることを考
えると、男性は女性に比べて攻撃行動のともなう刑事事件に関わっている割
合が圧倒的に高い。[17]嬰児殺しが女性に多いことについては、4章の児童虐待

表3　刑法犯の検挙人員と性別[18]

罪名	男性	女性	女性比（%）
殺人	3,395	1,081	24.2
〔嬰児殺し〕	7	51	87.9
強盗	9,273	738	7.4
傷害	103,133	8,419	7.5
暴行	112,454	11,626	9.4
恐喝	9,960	804	7.5
放火	2,190	704	24.3

の主たる虐待者の節でも詳しく触れるが、嬰児と2人きりで一緒に過ごす時間が女性に比べて男性は極めて短いことで説明できる。

　攻撃性の性差を社会・文化的背景によるとする立場もある。家父長制（patriarchy）のように階層性・主従関係による一方的は支配を基盤とする体制を敷く封建社会（feudal society）では、その男性は性質・態度・容貌・体つきにおいて「男らしさ」すなわち男性性が求められる。男性性には、力強さを備える支配者としての社会的アイデンティティーが込められ、家父長制のもとでは男性の攻撃的行動や態度について寛容であり、そのことが攻撃性の性差を生むというものである[19]。

（2）貧困

　攻撃行動と貧困（poverty）の関連について多くの先行研究が存在する。Eron ら（1997：139）は、貧困単独だけでは暴力的行動（violent behavior）を十分に説明できないものの、貧困は他の要因とのいかなる組み合わせにおいても貧困それ自体が、例えば、低体重出産（low birth weight）、神経外傷（neurological trauma）、学習障害（learning disorders）、親による子どもへの誤ったしつけといった攻撃行動と関連する生物学的、心理学的要因に対して独自の影響力が見いだせるとしている[20]。

　経済学分野においても、犯罪発生件数と貧困率、格差指標、失業率等との関連が検証されてきた。Roberts, A. と Lafree, G.（2004）は、攻撃行動のともなう殺人と強盗犯罪といった凶悪犯罪について日本の 1955 年から 2000年までの県別データを用いた分析を行い、高失業率が高犯罪率につながることを示した。彼らはこの結果について、経済状況の悪化によるストレスの増加が犯罪率を高めていると解釈している[21]。

（3）薬物

　アルコール、覚醒剤、そして麻薬等の薬物使用と攻撃行動の関連は古くから指摘されてきた。Bushman, B. J. と Cooper, H. M.（1990：341）は、広範な文献展望を行った結果、「アルコール摂取は確かに攻撃性を引き起こす作用がある」と結論付けている[22]。アルコール摂取が攻撃性に与える影響が直接的か間接的かについては、アルコールは神経系に作用を及ぼしそれが知的・認知的機能を低下させることによって攻撃性を高める。攻撃性（例えば、挑発、欲求不満、攻撃的な合図）を増大させる実験において酩酊状態の参加者とそうでない参加者との比較では、酩酊状態にある参加者のほうがより高い攻撃性を示している[23]。

　ドラッグ（麻薬、覚醒剤、コカイン等）使用と攻撃性についてもその関連が指摘されている。Moore ら（2008）は、ドラッグと攻撃性に関する 96 の実験データを統合しメタ分析（meta- analysis）を行った結果、ドラッグ使用と親密な関係（恋人、夫婦）における攻撃性の発揮の間に有意な関連があることを明らかにしている[24]。アルコールとドラッグは依存性薬物であり、これら薬物依存症と攻撃性の関連は指摘されている[25]。薬物依存症者のいる家族が暴力に曝されるリスクは非常に高い。特に、子ども、高齢者、そして女性への虐待と薬物使用の関連は古くから指摘されてきた。

```
Column >     攻撃性は遺伝するのか？
```

　動物の攻撃性を理解するためにロシア科学アカデミーの細胞学および遺伝学研究所で 60 年以上もの間行われている実験がある。イヌ科のアカギツネ（Vulpes）は攻撃性の高い哺乳類で、まず人間になつくことはないが、農場で飼育されたアカギツネのなかから 50 世代以上にわたり人なつっこい個体ばかりを選んで交配を続けた結果、幼い頃から人になつく系統を確立することに成功したのである。繁殖プログラムの全期間を通じて異系交配（outbread）を維持し、飼いならされた系統と攻撃的な系統との間の行動の違いには強力な遺伝的関与があると結論付けている。この実験結果は、犬や人間を含む哺乳類の攻撃行動の遺伝学的説明を裏付けると同時に、協力や分業をコミュニティ維持のための戦略とする社会性動物にとって、穏やかで従順な個体を意図的あるいは無意識的に選択し続けながら進化を遂げてきた可能性を示唆するものである。今日、われわれ人間は行動の制御を本能から理性に委ねるべきとして、その拠り所を習慣、価値体系、社会的規範、法に見いだしてきたが、同時に、われわれは人間の内に攻撃性が相変わらず残存していることをよく自覚してもいる。集団内部で生じる攻撃性はもとより、集団間の争いとしての戦争はいまだ終息する気配を見せてはいない。

[参考文献]

Trut, L., Oskina, I. & Kharlamova, A. (2009) Animal evolution during domestication: the domesticated fox as a model. *Bioessays*, 31, 349–360.

注

1　イワン・パブロフ（1849–1936）は、ロシア・ソ連の生理学者で生体の刺激に対する先天的な無条件反射とは別に、経験などにより後天的に獲得される反射行動としての条件反射作用を発見した。

2　Alderfer, C.P. (1969) An empirical test of a new theory of human needs. *Organizational Behavior and Human Decision Processes*, 4 (2), 142–175.

　　Maslow, A.H. (1943) A theory of human motivation. *Psychological-Review*, 50, 370–396.

　　McClelland, D.C. (1951) *Personality*. William Sloane.

3　スキナー, B. F. が創始。Skinner, B. F.（1953）*Science and Human Behavior*. New York: Macmillan（= 2003、河合伊六ほか訳『科学と人間行動』二瓶社）.

4　三項（先行事象、行動、結果）の随伴性を分析することをそれぞれの英語の頭文字を取って ABC 分析と呼ぶ。

5　Bandura, A.（1977）*SOCIAL LEARNING THEORY, 1st Edition*, Pesrson Education（=2012、原野広太郎監訳『社会的学習理論 ―― 人間理解と教育の基礎』金子書房）.

6　声明の全文は http://www.j-aba.jp/data/seimei.pdf から入手できる。

7　Bandura, A., Ross, D. & Ross, S.（1963）Imitation of film-mediated aggressive models. *Journal of Abnormal and Social Psychology*, 66, 3–11.

8　アメリカ心理学会の声明文全文は、https://www.apa.org/about/policy/interactive-media.pdf から入手できる。

9　Dollard, John; Miller, Neal E.; Doob, Leonard W.; Mowrer, Orval H.; Sears, Robert R.（1939）*Frustration and Aggression*. New Haven, Yale University Press（= 1959、宇津木保訳『欲求不満と暴力』誠信書房）.

10　貧困と攻撃性については次の文献が詳しい。

　　Guerra, N.G., Huesmann, L.R., Tolan, P.H.,Van A., Richard, E., Leonard D.（1995）Stressful events and individual beliefs as correlates of economic disadvantage and aggression among urban children. *Journal of Consulting and Clinical Psychology*, 63（4）, 518–528.

11　U.S. Department of health and human services（1996）: Third National Incidence Study of Child Abuse and Neglect.

12　大渕憲一（2011）『新版 人を傷つける心 ―― 攻撃性の社会心理学』サイエンス社。

13　ホマンズは行動分析学に基づき社会的交換理論（Social Exchange Theory）を構築した。彼の社会的交換理論は 5 つの命題（I. 成功命題、II. 刺激命題、III. 価値命題、IV. 剥奪 ― 飽和命題、V. 攻撃 ― 是認命題）からなり、V. 攻撃 ― 是認命題では、期待する報酬を得ることができない場合や罰を受けた場合に人は攻撃的行動をとる傾向が高くなり、逆に期待以上の報酬を得られた場合や予期した罰を受けない場合に人は是認的行動をとる傾向が高くなると説明した。詳しくは、Homans, G.（1961）*Social Behavior: Its Elementary Forms*. New York: Harcourt Brace Jovanovich（= 1978、橋本茂訳『社会行動 ―― その基本形態』誠信書房）.

14テダスキーとフェルソンの理論については右書を参照のこと：Tedeschi, J.T. and Felson, R.B.（1994）*Violence, Aggression, and Coercive Actions*. American Psychological Association.

15　認知行動療法（Cognitive behavioral therapy）は行動分析学と社会的学習理論に基づき、歪んだ認知・思考様式を修正することによって行動変容をはかる。

16　詳しくは、大渕憲一（2011）10 章と 11 章を参照されたい。

17　総務省統計局によると平成 29 年 8 月現在の日本の人口は、126,755 千人であり、その内、男性 =61,670 千人、女性 =65,085 千人であった（https://www.stat.go.jp/data/jinsui/pdf/201801.pdf）。

18　法務省（2018）『平成 30 年版犯罪白書』。

19　ジェンダーと暴力については次の文献が詳しい。O'Toole, Laura L., Jessica R. Schiffman and Margie L. Kiter Edwards（eds.）*Gender Violence: Interdisciplinary Perspectives*（*2nd ed.*）New York University Press.

20　Eron, L.D., et al.（1997）Poverty and violence. Feshbach, S. and Zagrodzka, J.（ed.）*Aggression: Biological, Developmental, and Social perspectives*, Plenum Press, 139–154.

21　Roberts, A. and Lafree, G.（2004）Explaining Japan's Postwar Violent Crime Trends, *CRIMINOLOGY*, 42, 1, 179–210.

22　Bushman, B.J., & Cooper, H.M.（1990）Effects of alcohol on human aggression: An integrative research review. *Psychological Bulletin*, 107（3）, 341–354.

23　Bushman, B.J.（2002）Effects of Alcohol on Human Aggression. In: Galanter, M. et al.（eds.）*Recent Developments in Alcoholism. Recent Development in Alcoholism*, vol.13. Springer.

24　Moore, T.M., Stuart, G.L., Meehan, J.C., Rhatigan, D., Hellmuth, J.C., & Keen, S.M.（2008）Drug abuse and aggression between intimate partners: A meta-analytic review. *Clinical Psychology Review*, 28（2）, 247–274.

25　Cuomo, C., Sarchiapone, M., Di Giannantonio, M., Mancini, M. & Roy, A.（2008）Aggression, Impulsivity, Personality Traits, and Childhood Trauma of Prisoners with Substance Abuse and Addiction. *The American Journal of Drug and Alcohol Abuse*, 34（3）, 339–345.

●●● 章末問題

問1)　行動分析学と社会的学習理論の違いについて説明せよ。

問2)　ホマンズの社会的交換理論について説明せよ。

問3)　欲求不満は攻撃行動にどのように影響するか身近な例を用いて説明せよ。

第 **3** 章　家族の危機への介入と支援

3.1　家族とライフステージ

　ライフサイクルとは、人の誕生から死に至るまでの人生の周期を指すが、家族にもその誕生から終結に至るまでの周期がある。その周期は家族の発達に従って、独身、結婚、出産、育児、子どもの独立、老後生活、そして配偶者の死と自分の死、家族の終末の段階、すなわちライフステージに分けることができる。家族はライフステージごとに解決しなければならない課題に遭遇する。Armour（1995）は、家族のライフステージを独身期（the unattached young adult）、新婚期（the newly married couple）、育児期（the family with young children）、養育期（the family with adolescents）、巣立ち期（launching children and moving on）、終末期（the family in later life）の6段階に区分している（表1）[1]。

　独身期は、養育者の保護を離れ社会的・経済的に自立する時期である。結婚を約束するパートナーがいる場合、結婚後、どのような家庭を築くことを望み、そのためにはそれぞれが家庭のなかでどのような機能・役割を担うのかを双方が了解しておくことが望ましい。特に相手が異なる家族・家庭観を持っている場合には積極的な妥協・調整といった擦り合わせそして合意が必要である。

　新婚期に夫婦は、これまで自らが所属していた家族システムとは異なる新たな家族システムをパートナーとともに計画・構築していく。独身期は、人生において最も社会的・経済的に自由が利く時期であるため、パートナーとの共同生活への移行には対処すべきストレッサーが待ち受ける。引っ越し、

お近所付き合い、時間の制約、金銭の使途に関する制約、パートナーを通じて広がるソーシャルネットワーク等々、独身期とは質・量ともに異なるさまざまなストレッサーに対処することが必要である。また、事前に確認・合意した役割をお互いに果たせているか、一定期間ともに過ごした後、修正すべき点などないかを話し合うことが必要である。子どもをもつことを希望する場合には、互いにどのような育児観をもっているか確認することも大切である。

　育児期と養育期、夫婦は新たなメンバーを家族に迎えるだけでなく、子育てにまつわる義務、経済、およびその他の子育てに関する課題に対処する方法を学ばなければならない。乳・幼児期、学童期、思春期、青年期と子どもはそれぞれの発達段階でそれぞれ特徴的かつ多様な身体的・心理的・社会的課題をもつ。親は、子どもの個性を尊重しつつ、子どもの成長のペースに合わせながらそれぞれの発達段階への移行を導く役割を担う。この時期は、対処すべきストレッサーがあまりにも多く、家族周期のなかでも最もエネルギーを必要とする。対処を誤り崩壊する家族は少なくない。

　巣立ち期では、家族は最もエネルギーを必要とする育児期と養育期を経て子どもとの離別を経験する。家族システムは不慮の病・事故がない限りそのメンバーの増員はあっても減員を体験したことはない。長い時間とコミュニケーションをかけて築いた関係性は新たな段階へと移行し、残された家族メンバーはシステムの平衡状態を保つべく役割の再分担を行う。親は、最後の子どもが巣立つとき、これまでの日常とのあまりの大きな変化に喪失感に襲われることがある。子どもの巣立ちを受容するために、親は自らが同様の過程を経て家族をもったこと、つまり親離れ（巣立ち）は重要なことであることを認めるとともに、親以外としての自分を再確認する必要がある（Mitchell 2009）[2]。

　終末期、夫婦は加齢にともなう心身の衰えに直面しこれまでできたことができなくなる事態に遭遇する。高齢の親の介護・看護は、同居・別居の別を問わず子どもにとって大きな課題となる。夫婦は子どもたちと事前に住居、医療・看護・介護、死後の遺産分割について話し合い可能な限り計画とその合意を得ておくことが望ましい。

表 1　ライフステージとライフイベント

段階	生理的	経済	社会	心理	コミュケーション
独身期		自立 貯蓄	自立 家庭・家族観	自立	オープン
新婚期	生殖	貯蓄	役割分担	親密さ	オープン リーダーシップ 衝突の解決策 育児観の共有 ニーズ・欲求の融合
育児期	病気 障害	住宅ローン 貯蓄	養育の役割分担 役割再割当	親密さ	子の気質への適応
養育期		教育費 レジャー費	教師 友達の親 学校に権限を部分移譲 子どもに役割を付与 老親との関わり	寛容さ **アイデンティティーの確立** 親子の葛藤 **自立心**	オープン 世代間ギャップ
巣立ち期		**貯蓄** **結婚費用** **引っ越し** 子への追加支援	役割の再割当		オープン
終末期	病気 身体的制限	小規模新居 余生の家計	配偶者・子・孫と新たな関係構築 家族・友人の死 コミュニティへの参加	人生の統括	オープン

3.2　家族の危機（Family Crisis）

　危機とは平衡状態の崩壊である。これまで正常だった家族システムが機能不全に陥り、これまでのように稼働しなくなる事態である。危機は、家族システムにとって新たなシステムへの移行（transition）でもある。家族は、この状態を引き起こした事態に万策尽くして対処しなければならないが、その成否は家族のもつ内的・外的資源の多寡とそれを運用する能力にかかっている。この移行の結果が家族にとってネガティブなものになるとは限らない。「雨降って地固まる」のように成長の機会になることもありうるのだ。

　子どもの誕生について考えてみよう。子どもの誕生は、夫婦のこれまでの日常を一変させる。計画的な妊娠・出産である場合とそうでない場合では、そもそもの子どもの誕生という出来事の受け止め方に雲泥の差が生じる。育児・家事を誰がどれだけ担い、増加する生活コストをどのように賄うのか。持てる内外の資源と手段を駆使し、家族の拡大という家族の変質を新たな状況に適応させる必要がある。このチャレンジは家族を成長させることもあれば不適応に陥れることもある。

　本書のテーマである暴力は、家族システムの構造そのものを根本的に破壊してしまうほどのものである。暴力に曝された家族成員については、当事者の支援要請の意思の有無とは関係なく介入を行う必要があると考えるが、どのようにそれが可能となるのであろうか。ソーシャルワークと呼ばれる社会福祉援助技術の支援プロセスのその手掛かりを探ってみたい。

3.3　ソーシャルワークの援助課程（Social Work Process）

　ソーシャルワークはその実践において、多重視点(multi-perspective)に拠って立っている。「はじめに」の人間観のところでも述べたとおり、対象（人・家族・コミュニティ・社会）を理解するためには、それをあらゆる角度と側面からとらえることが必要である。本書のいう人間は、①自覚と意志をも

ち、動作・作用を他に及ぼすことができ、②その自覚には、自身の立場・状態・能力を知るとともに、善悪、自身の権利、義務、責任をもわきまえることができ、③知覚・感覚を通じて得られる情報に基づき、自身を取り巻く環境・状況を生存とその持続性の確保・向上のために他に影響を及ぼし、④資源・手段という利益を得ようと合理的に思考・行動する。最後に、⑤個体間の能力の程度には幅、つまり個体差があり、必ずしもすべての個体が常に最適な判断に基づく行動をとるわけではなく、個体によっては不合理な行動をとることもある、以上5点にまとめられる存在とした。そのような人間や社会の最小集団である家族が外的な支援を必要とするとき、ソーシャルワークはどのように介入するのであろうか。

　ソーシャルワークは、図1のとおり、アウトリーチ（outreach）に始まり、終結（termination）に向かい、その後もフォローアップ（follow up）へと続く切れ目のない実践である。

　アウトリーチ（outreach）では、ソーシャルワーカー自ら、ミクロ・メゾ・マクロの援助対象について、必要なニーズの探索・掘り起こしを行うことである。これまで、クライエントが自ら抱える問題を認知したのちソーシャルワーカーに援助を求めることで援助が開始されてきたが、例えばセルフネグレクト（self-neglect）や引きこもりなどコミュニティレベルで認識される問題について、本人が支援を要請しないような潜在的な要支援者の探索・発掘が求められるようになった。

　契約（engagement）[3]では、ソーシャルワーカーとクライエントの間で結ばれる、援助開始が確認される。ここでは、初回面接（intake）が行われ、ソーシャルワーカーはクライエントの主訴（main complaint）を確認する。その際、ソーシャルワーカーはクライエントとの間に信頼関係の構築（rapport building）が求められ、その成否が以降の支援の効果と質を左右すると言っても過言ではない。

　アセスメント（assessment）ではクライエントの主訴を基点に、クライエントの生物心理社会的（biopsychosocial）な状況を調査・精査する。ソーシャルワークはその形成過程[4]で人と環境の交互作用（transaction）に注目する。クライエントに関する情報を詳細に収集し問題の背景にある環境（家族・友

アウトリーチ→契約→アセスメント→介入計画→立案→介入→経過観察→評価→終結→フォローアップ

図1　ソーシャルワークのプロセス

人、帰属集団、関連機関、地域など）を構成する要因間の関連の仕方（相互作用、因果関係、相互往復的関係等）を検討し、問題解決と緩和に必要とされる社会資源の調整・投入の必要性を検討する。

　介入計画立案（planning）ではアセスメントの結果に基づき、クライエントの問題解決とその緩和を目標とする介入計画を立てる。介入計画では、支援の目標、中味、方法、段階とその期間についてクライエントと共有・合意することが必要である。それを可能にするのは契約以来、継続的に構築されてきた信頼関係であり、クライエントにとって介入計画が実現可能なものでなければならない。

　介入（intervention）では、計画された支援が実施される。ソーシャルワーカーによるクライエントに対する直接的援助をはじめ、クライエントと資源供給の調整といった間接的援助も含まれる。介入は、ソーシャルワーカーとクライエントの双方が確認しあいながら、介入計画に従って段階的に行われることが望ましい。

　経過観察（monitoring）では、介入が計画どおり実施されているか、目論見どおりかその経過を観察する。介入の効果に着目しつつ観察を行い、もし介入の効果が疑わしい場合には、再度アセスメントと介入計画への段階へと援助プロセスを戻す根拠となる情報を収集する。

　評価（evaluation）の段階では、介入の目標がどの程度達成されたのかを、期待される効果（efficacy）・実際の効果（effectiveness）・経済的効率性（efficiency）の観点からクライエントとともに評価する。ソーシャルワーカーによる専門的な効果測定はもちろんのこと、クライエントが主訴以来抱えていた問題・課題をどのように認知的・主観的に評価するかが大切である。

　終結（termination）とは、ソーシャルワーカーによる専門的支援の終結を指す。ソーシャルワーカーとクライエントの双方が前段階の評価において目標が達成されたと判断できる場合、もしくは、立案された介入ではおおよそ

目標を達成できないと判断された場合にも終結を迎える。目標達成による終結では、支援終了後の新たな生活へと移行するクライエントの期待・不安に寄り添い、ソーシャルワーカーとクライエントの双方が了解できる適切な時期が選択されるのが望ましい。目標未達成の場合には、クライエントの再契約への希望、あるいは、他の専門家や支援機関による支援の希望を確認し、間断ない支援継続の準備を行う必要がある。クライエントには、終結後もフォローアップ体制が準備されていることを伝え、援助関係が完全に終結するわけではないことを伝えることも大切である。

　フォローアップ（follow up）では、終結後も問題の再発・悪化の予防を念頭に、クライエントへ継続的接触と支援体制を確保する。

3.4　危機からの回復 ——ダブル ABCX モデル

　ソーシャルワークがその実践において人と環境の相互作用に注目してきたことはすでに述べたとおりである。しかし、従来の実践モデルは、クライエントの抱える問題の見方（perspective）の 1 つを提供するものの、人と環境にまつわる要因を変数として扱うとき、その抽象性ゆえに科学的手続きとしての観測・測定への道筋を十分に示すことができずにきた。その理由として、既存の実践モデルの実証作業の多くが事例研究に留まり、人と環境にまつわる概念の操作的定義・変数化による量的研究によるエビデンスを積み上げてこなかったためであることが考えられる。

　ソーシャルワークは実践であるとともに科学でもある。その実践が根拠に基づくものであると主張するためには、客観性が担保された仕方で発見されたエビデンス（evidence）が必要になる。この要件を満たし、人と家族の危機とその適応について示唆に富むモデルの1つがダブル ABCX モデルである。

　ダブル ABCX モデルにはヒル（Hill, R. 1958）が提示した ABCX モデルという前身が存在する。ヒル（1958）は 1940 年代後半にジェットコースターモデル（Roller coaster model）を構想した。第二次世界大戦中に危機に直面した家族に関する研究に基づき、モデルは家族の解体過程を示しており、危

機に陥った家族はその機能を悪化させるか、危機前の水準（実線）に戻るか、あるいはより高いレベルに達する可能性とその逆（点線）があると仮定した（図2）。では、そもそも家族が安定期から危機に陥るまでのメカニズムはどのようなものであろうか。詳細は後述するが、ヒル（1958）は家族が危機（x：crisis）に陥るまでのメカニズムを3変数（ストレッサー（a：stressor）、既存資源（b：existing resources）、認知（c：perception））からなる ABCX モデルを提示している（図3前半部）。

　ジェットコースターモデルと ABCX モデルはその誕生から今日に至るまで家族危機研究に多大な影響を与えてきた。その理由として両モデルが研究者・実践家のみならず当事者にとっても危機のメカニズムと解体・回復過程が視覚的にも直感的にもシンプルであることと、危機介入におけるアセスメント領域（assessment domain）と計画（planning）への応用が容易であるためといえる。その一方で ABCX モデルには時間（time）の経過にともなって累積されていく出来事（pile up）の視点に欠けるとの批判もあった。ABCX モデルは家族に危機もたらしかねないストレッサーや移行（transition）に対処する能力を説明する危機以前（pre-crisis）の変数に注目する一方で、危機以降（post-crisis）の、時間の経過とともに累積していく変数への言及が不十分であった（McCubbin and Patterson 1983：11）。

　マッカバンとパターソン（McCubbin, H. I. and Patterson, J. M.）（1983）は、ヒル（1958）の危機モデル、ABCX モデルを拡張し、危機から適応までの一

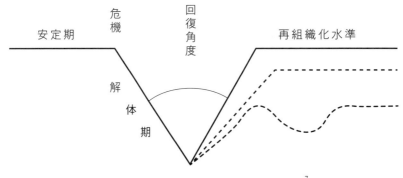

図2　ヒル, R. のジェットコースターモデル[7]

連の過程を含めたダブル ABCX モデルを考案した。[8]ダブル ABCX は、9 つの変数から成り立っている。図 3 の前半部はヒル（1958）によって構想されたものであり、後半部はマッカバンとパターソン（1983）によって追加された変数とその関連の仕方が示されている。

a はストレッサー（stressor）であり、家族をストレス状態に陥らせる物理的、精神的、社会的なイベントや要因すべてを指す。表 2 のとおり、家族にとってのストレッサーはその発達段階にともなって多岐にわたり、ストレッサー間の強度には幅がある。例えば、死別と引っ越しでは、ストレッサーとしての強度に差があることは言うまでもない。

b は既存の資源（existing resources）であり、これは家族がすでに有している課題・問題の解決や緩和に利用できる資源・手段を指す。その種類は多岐にわたり、危機回避能力、紐帯（絆）、そして愛情のように抽象度の高いものから、経済（稼得力、貯蓄、持ち家、負債）、親族、友人・知人、そして既知（つまり利用できる状態）のサービス・制度と具体的なものにまで及ぶ。

c は a に対する知覚・認知（perception of a）である。家族のストレッサーに対する知覚・認知であり、その中味は肯定的なものから否定的なものまで幅のあるものである。

x は危機（crisis）を示している。ヒル（1958）は、家族が平衡状態を失う事態、つまり危機に陥るか否かは、ストレッサー（a）、既存資源（b）、そして認知（c）の 3 要因よって決まるとしている。ストレッサー（a）、既存資源（b）、認知（c）は互いに双方向の矢印で結びあっている。3 要因の間には互いに相関関係があると仮定されており、危機（x）は、3 変数から構成される潜在変数と考えてよい。

母親が病気になった状況を考えてみよう。ここでは、ストレッサーはもちろん母親の病気の発症とその深刻度である。ある母親の病気（a）は、通院と投薬で治療が見込める。家族にはもちろん通院や薬代を支弁する経済力（b）があり、家族は当初、母親の病気について驚き心配もするが、治療が通院と投薬ですむことに安心する（c）、しばらくの間は、母親の役割を他の者が代替するなどして、母親の回復を待つことができる。もちろん、この家族は危機に陥ることはない。

　では、この母親の病が死に至るような深刻なもの（*a*）で長期入院を要する場合はどうであろうか。また、治癒の可能性をもつ治療が賄いきれないほど高額（*b*）で、かつ、これまで家事・育児はもっぱら母親に頼りっきりで、ほかに頼れる親戚縁者（*b*）がいない家族の場合はどうであろうか。この家族のこの事態における認知（*c*）がとうてい悲観的なものになることは火を見るよりも明らかである。そして、この家族の平衡状態は突如として失われ危機に陥るのである。

　ここからは、ヒル（1958）の ABCX モデルに、マッカバンとパターソン（1983）によって追加された、危機以降（post crisis）の家族の適応までのプロセスを示したモデルである。まず、*aA* は蓄積されたストレッサー（pile up）である。危機が発生して以降、本来のストレッサー（*a*）に加えて新たなストレッサー A が追加されていく。共働きの夫婦に子どもが生まれた場合を考えてみよう。出産・子の誕生（*a*）、産後しばらく母親が体調を回復す

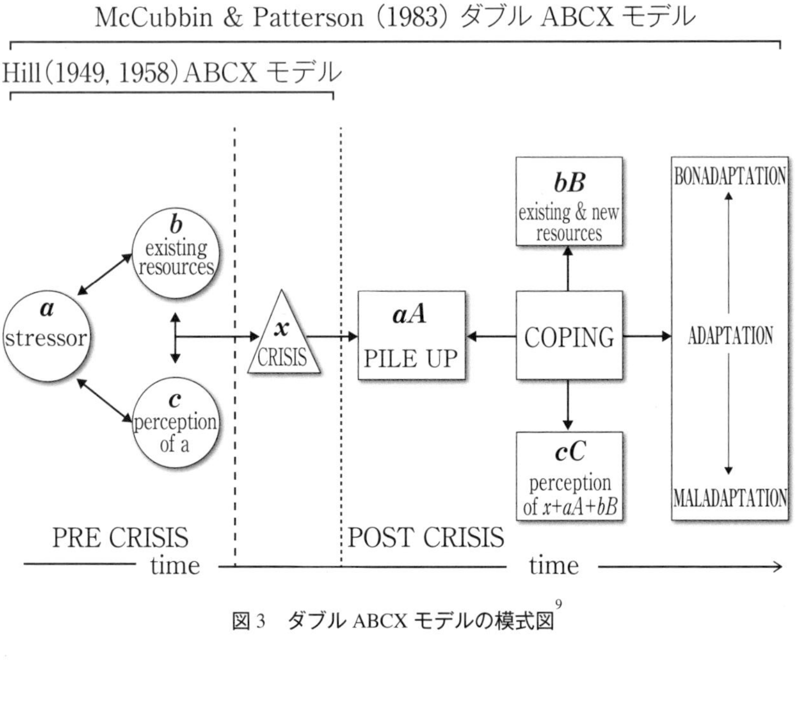

図3　ダブル ABCX モデルの模式図[9]

るまで家事に対する役割の減少（*a*）、そして育児のための環境整備（*a*）い
ずれもストレッサーである。これらストレッサーに対応するため投入される
既存資源（*b*）と認知（*c*）のありようで危機（*x*）に陥るか否かが決定するが、
これ以降も新たなストレッサー（*A*）は夫婦を容赦なく襲う。誰が育児休暇
を取得し職場を離れるのか、保育所の入所の成否、子どもの発病時に誰が休
暇を取得するのか等々。子どもの出産（*a*）は夫婦のこれまでの日常とは異
なる状況をもたらし、そのことが新たなストレッサーとしての出来事（*A*）
を次々に引き起こしていく。

　bB は既存および新たな資源（existing & new resources）を合わせた総資源
である。時間の経過とともに *a* から *aA* となったように、*b* も *bB* と新たな資
源が追加されることがある。例えば、子どもの誕生による子ども手当の支
給、保育所や託児所、そしてベビーシッター等、公私のサービスは夫婦 2 人
の家族の既存資源にはなかったものばかりである。

　cC は、危機（*x*）状況に加わった蓄積ストレッサー（*aA*）に対する蓄積資
源（*bB*）の対処可能性の認知的評価（perception of *x*＋*aA*＋*bB*）である。*a* の
発生以降、家族はもはやこれまでとは異なるシステムへの移行（transaction）
を余儀なくされるが、危機（*x*）と蓄積ストレッサー（*aA*）の深刻度とそれ
に対する蓄積資源（*bB*）の対処能力への評価が高いほど移行は成功、つまり
適応（adaptation）へと導かれる。

表2　ダブル ABCX モデルを構成する変数とその例

変数	説　明	例と補足
a	ストレスを引き起こす物理的・精神的・社会的要因	思春期、就業、結婚、共働き、離婚、片親、継親、病気、転勤、引っ越し、失業、出産、進学、転校、いじめ、子どもの巣立ち、死別
b	既存の資源	内的：危機回避能力、紐帯（絆）、共通の興味、愛情、経済的相互依存、経済的自立感、適応能力、役割構造、家族に対する身体的・情緒的満足感、家族の目標、経済（稼得力、貯蓄、持ち家、負債） 外的：親族、友人・知人、既知のサービス・制度
c	困難と何らかの影響を家族にもたらす a に対する家族の主観的認識	乗り越えられる⇔乗り越えられない 大した問題ではない⇔大した問題！
x	危機状態。家族に変化や移行を強いる状況	家族システムの崩壊と解体を安定化・回復させる能力の程度。既存資源 b の投入・活用する能力の有無（その能力があれば、家族を不安定化させる状況を回避でき、家族は危機に陥ることはない）。
aA	危機発生以降、a に加え蓄積されたストレッサー	時間の経過とともに、ストレッサーとなる出来事が増減することがある。
bB	危機発生以降、b と危機後に加え追加された資源	既存資源に加えて、時間の経過とともに追加（あるいは削除）される資源がある。ソーシャルワーカーの介入がある場合、このソーシャルワーカーも含め、提供されるサービスもこれにあたる。
cC	危機発生以降、x+aA+bB に対する認知	危機（x）そのものと aA に対し、bB は有効か否かの認知的見積もりである。

事例にみる家族の危機とソーシャルワーク

　事例を追いながら、ダブル ABCX モデルとソーシャルワークの援助過程を辿ってみる。

【仮想事例】

結婚 6 年目を迎える共働きの夫婦（夫 36 歳、妻 35 歳）である。2 年の不妊治療（人工受精）を経て妻は妊娠、3 か月前に女児を出産した。出産後、医師は夫婦に女児にダウン症の疑いがあることを告げた。精密検査の結果、女児はダウン症であった。夫婦は受精卵着床後に出生前診断は受けていなかった。35 歳の女性が何らかの染色体異常を持つ子どもを出産する確率が 5%程度と知っていたからである。夫婦は混乱した。妻は女児への哺乳困難、便秘、視覚・聴覚的な刺激に対する反応が鈍いことに困惑し、「思っていたのと違う」と気分は塞ぎ込みがちになっていった。夫もダウン症について知識はなく、妻に頼まれること以外にはできることはなく、特に落ち込む妻にかける言葉さえ見つからないことに困惑した。長く辛い不妊治療をともに乗り越えるなかで夫婦は絆を固くし、2 人は産後に向けてできる限りの準備をしてきた。産休後の育児休暇は子ども 1 歳になるまで妻がとり、その後は子どもを保育所に入所させ妻も職場に復帰する計画を立てていた。ダウン症の子を持つことをまったく想定していなかった 2 人は今、ダウン症に関する情報の収集と相談窓口を探し始めるのであった。

　時間 t_0 においてダウン症の女児を出産したことは、健常児の出産を期待していた夫婦にとってストレッサー（a）となる出来事である。妻が出産した病院が総合病院であれば医療ソーシャルワーカー（medical social worker：MSW）がおり、MSW は療育手帳や障害者手帳の取得をはじめ、医療公費負担、手当や年金等の所得保障、そして生活支援に関する制度サービスについて情報提供を行う。

　時間 t_1 では、障害を持つ子どもをこれからどのように育てていくのか、夫婦それぞれの育児・家事・就業における役割を見通していく必要がある。[10]

ソーシャルワーカーは夫婦が支援を受ける同意を確認したのち契約を交わし、援助開始の確認、初回面接で夫婦の主訴を確認、夫婦と信頼関係を構築することを目指す。

時間 t_2 の最初は、〈アセスメント〉を実施し、夫婦に関する生物心理社会的な状況を調査、問題の背景にある要因間の関連を検討し、必要な公的・私的を含む社会資源の調整・投入を検討する。

〈介入計画〉では、〈アセスメント〉に基づき、目標の設定・計画を立て、支援の中味と方法、〈介入〉の段階とその期間について夫婦と共有・合意することが必要である。

〈介入実施〉では大きく直接的・間接的援助を併せた介入がなされる。直接的援助では、支援制度の紹介・申請支援、夫婦のダウン症に対する理解の促進、ダウン症を持つ子どもの育児に関する助言・指導が行われる。場合によっては、夫婦間のコミュニケーションを仲介することもある。間接的援助では、ダウン症児を子どもに持つ家族ら当事者による自助グループの紹介・参加促進などを通じダウン症児とのこれからの生活に対しての不安や悲観的展望の解消に努めることが考えられる。

時間 t_3 の〈モニタリング〉では、計画どおりの介入が実施されているか、進捗状況はどうか、夫婦の問題に対する受け止め方に変化がみられるかを検討する。

〈評価〉では、夫婦がダウン症の育児に関して問題が発生した時、自力で対処できるかを評価し、それが良好であれば支援を終結する。自力での対処がいまだ困難な場合は支援継続か再度アセスメントに戻る。

〈終結〉では、介入目標が達成されたことを夫婦と確認し、支援を終結する。夫婦には対処困難な事態に陥った場合にはいつでも支援を再開すること、夫婦の求めがある場合フォローアップ面談を行うことを伝える。

表3　仮想事例への介入

時間 (t_i)	ダブル ABCX モデル	事例の経緯	ソーシャルワーク
Pre-crisis t_0	ストレッサー (a)	ダウン症の女児出産	**アウトリーチ** ◦妊娠期から出産までの支援 ◦制度情報提供 ◦相談・助言・指導 ◦訪問支援等
	既存資源 (b)	経済力（共働き） 夫婦仲良好 計画性あり ダウン症の知識乏しい 同居人なし	
	認知 (c)	ダウン症児の育児と将来に不安 落ち込む妻のサポートに自信がない（夫） 仕事に復帰できるか不安（妻）	
t_1	危機 (x)	絆の揺らぎ 育児の役割分担の模索	**契約** ◦援助開始の確認 ◦初回面接で夫婦の主訴確認 ◦夫婦と信頼関係の構築
Post-crisis t_2	蓄積ストレッサー (aA)		**アセスメント** ◦夫婦に関する生物心理社会的な状況を調査 ◦問題の背景にある要因間の関連を検討 ◦必要な社会資源の調整・投入を検討 **介入計画** ◦アセスメントに基づき、目標を設定・計画を立案

時間 (t_i)	ダブル ABCX モデル	事例の経緯	ソーシャルワーク
Post-crisis t_2	蓄積ストレッサー (aA) 追加資源 (bB)	 ソーシャルワーカー 療育手帳 医療助成 特別児童扶養手当 当事者グループ	○ 支援の目標、中味、方法、段階、期間について夫婦と共有・合意が必要 **介入実施** ○ 直接的援助： 　支援制度の紹介・申請支援 　ダウン症に対する理解の促進、育児に関する助言・指導 ○ 間接的援助： 　当事者グループの紹介 ○ 夫婦と確認しながら、計画に従い段階的に介入
t_3	危機後認知 (cC)	支援制度がある ダウン症の子を育てられそう 私たちだけじゃない 当事者コミュニティがある	**モニタリング** ○ 計画どおりの介入が実施されているか、進捗状況はどうか、夫婦の間題に対する受け止め方に変化がみられるかを検討する
t_5	適応 (Adaptation)		**評価** ○ クライエントがダウン症の育児に関して問題が発生した時、自力で対処可能かを評価し、良好であれば終結する。自力での対処がむいまだ困難な場合は支援継続か、再度アセスメントに戻る **終結** ○ 介入目標が達成されたことを夫婦と確認し、支援を終結する ○ 夫婦には対処困難な事態に陥った場合にはいつでも支援を求めてよいことを伝える ○ 夫婦の求めがある場合フォローアップ面談を行うことを伝える

注

1　Armour, M.A.（1995）Family Life Cycle Stages. *Journal of Family Social Work*, 1:2, 27–42.

2　Mitchell, B.A.（2009）The Empty Nest Syndrome in Midlife Families A Multimethod Exploration of Parental Gender Differences and Cultural Dynamics, *Journal of Family Issues*, 30, 12, 1651–1670.

3　イギリスやアメリカでは、契約を援助過程の最初の段階とすることが一般的である。

4　リッチモンド以来、ソーシャルワークは人と環境の関係性について議論してきた。ケンプ、ジャーメイン、ピンカスとミナハンは主要な論客である。

5　客観性の担保といっても容易なことではない。外的要因の影響を完全に遮断した状況で実験を行うならまだしも、支援対象であるクライエントを被験者にするには高度な倫理的配慮を要する。よって、多少なり妥当性を犠牲にはするが、擬似実験（計画）法がよく用いられる。

6　Hill, R.（1958）Generic features of families under stress. *Social Casework*, 39:139–150.

7　Hill（1958）をもとに筆者作成。

8　McCubbin, H.I. and Patterson, J.M., 1983, The family stress process: the Double ABCX model of adjustment and adaptation. McCubbin, H.I. Sussman, M.B. and Patterson, J.M.（eds.）, *Social Stress and the Family: Advances and Developments in Family Stress Theory and Research*. New York: The Haworth Press.

9　McCubbin & Patterson（1983：12）をもとに著者作成。

10　本来、母子退院後も夫婦は子どもを出産した病院の MSW からサービスを受けることができれば良いが、残念ながら日本の現状はこれに当てはまらない。退院後は居住地の福祉事務所もしくは保健所で必要なサービスの申請を行う必要がある。なお、欧米と同様に日本にも組織に属さないソーシャルワーカー、独立型社会福祉士が存在する。

● ● ● **章末問題**

問 1) 危機とは何か説明せよ。

問 2) ABCX モデルとダブル ABCX モデルの違いについて説明せよ。

問 3) ソーシャルワークの介入の流れについて説明せよ。

第 II 部

第4章 育児と暴力

> **判例**
> 主文、「被告人を懲役30年に処する。未決勾留日数中340日をその刑
> に算入する。」

【犯行に至る経緯】

　被告人は、平成18年12月に元夫であるAと結婚し、平成19年5月16日に長女B（死亡当時3歳）、平成20年10月16日に長男C（死亡当時1歳）を出産して幸せな家庭を築き、三重県内で暮らしていた。ところが、平成21年5月、被告人が浮気をしたことでAとの関係が悪化し、被告人は、Aと離婚するに至った。

　被告人は、BとC（以下Bらという。）を引き取って親権者となり、名古屋市で、キャバクラ勤めをしながら子育てをする生活を始めたが、同年9月頃には、託児所に預けようとするとBらが熱を出すことが続いたことから、託児所に預けずにBらを自宅に置いて勤めに出るようになった。

　その後、被告人は、同年10月頃から、Bらを自宅に置いたまま当時交際していた男性と会って、度々外泊をするようになった。
平成22年1月、被告人は、大阪市内の風俗店で勤務するようになり、Bらとともに、本件事件現場である大阪市a区所在のマンション、g号室に入居した。

　しかし、被告人は、大阪に移り住む以前から、一人で夜の仕事をしながら子育てをすることに限界を感じており、そのような生活からの逃げ場を求めるように、同年3月頃から、客として来た男性と交際を始め、仕事が終わった後、その男性が勤めるホストクラブに頻繁に通

うようになった。

　間もなく、被告人は、Bらを自宅リビングに放置したまま、その男性方に連日外泊し、Bらにコンビニで買った飲食物を与えるために短時間だけ自宅に帰るという生活をするようになった。

　平成22年5月16日、被告人は、その男性方にBらを連れて行ったが、結局、Bの誕生日を祝うことなく過ごした。被告人は、Bの誕生日も祝ってやれなかった、Bらに寂しい思いをさせないようにしないといけない、離婚しなければよかったなどと思う一方で、そういう現実を考えること自体嫌だという気持ちが一層強くなっていき、この日以降、徐々に帰宅しない期間を長期化させ、Bらを風呂に入れるなどの世話もしなくなった。被告人は、同年6月9日の直近では、同日の1週間から10日前に自宅に帰ったが、その際も、Bらの前に、二、三食分の飲食物を開封するなどして置いていくにとどまった。

　Bらは、被告人から適切な養育を受けられなかったことによって、慢性的な低栄養状態に置かれ、遅くとも平成22年5月16日当時には、手足が痩せ細り、顔も無表情になるなど、被虐待児特有の症状が見られるようになっていた。

【罪となるべき事実】

　被告人は、平成22年6月9日に帰宅し、コンビニで買った蒸しパン、おにぎり等を開封するなどして、自宅リビングにいるBらの前に置いた。その際、被告人は、ゴミと糞尿が散乱した極めて不衛生な室内でBらが相当衰弱している様子を目の当たりにし、被告人のほかにBらの育児をする者はおらず、必要な食事を与えなければBらが死亡する可能性が高いことを認識したにもかかわらず、水道設備がなく、空の冷蔵庫が置いてあるリビングと廊下との間の扉に粘着テープを貼って固定し、さらに玄関ドアに鍵をかけ、Bらが出てこられない状態にした上で自宅から早々に立ち去った。そして、それ以後、被告人は、同月下旬頃までの間、Bらに食事を与える手立てを取ることもないまま、帰宅することなく放置し、その結果、同月下旬頃、Bらをいずれも脱水を伴う低栄養による飢餓により死亡させて殺害した。

【家族構成】

　被告人には、夫 A（離婚）と長女 B、長男 C がいる。離婚後、被告人が親権者となり B と C を引き取る。

　被告人は、父母との間に三姉妹の長女として生まれた。父母は離婚し継母がいる。

【主な争点】

　本件裁判での争点は、被告人の殺意の有無である。裁判所は、判例下線部の記載にあるとおり、食事を与えないという不作為を含めた被告人の行為が B らの生命を奪う危険性を被告人が認識していたとして被告人の殺意を認定した。

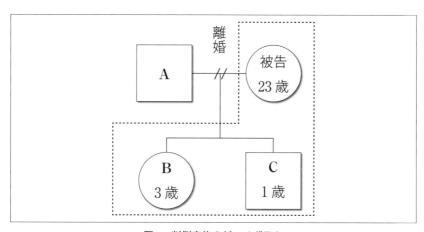

図 1　判例家族のジェノグラム

4.1　子どもへの暴力

　家族にとっての育児期は、経済的、社会的、心理的にも大きなエネルギーを必要とする。経済的には、子どもが社会的自立を果たすまで養育・教育にかかる費用はもちろん、子どもの成長・進学にともない子どもを通じて得られる量・質ともに頻繁に変化する社会ネットワークへの対応、そして育児由来の数多のストレッサーへの対処はしばしば家族システムを脆弱化させ、場合によってはシステムそのものを破壊することもある。

　子どもは、親をはじめとする養育者に依存しなければ生きていけない。養育者は、衣食住、医療、教育の機会、そして社会参加の機会を子どもの発達段階において適切に提供しなければならない。とはいうものの、育児の仕方は多様である。ある養育者の育児法の原型は、養育者の社会的・歴史的・文化的な背景によって形成された「育児はこうあるべき」とされるものと、養育者自らが「育てられた者」としてもつ体験が想定される。結果的に子どもの社会的自立が達成されれば、養育者は子どもからも周りからも「ありがとう」と労いのことばをかけてもらえるが、そこに至るまでの長い育児・教育期は多くの家族にとって綱渡りの日々である。この時期の家族の不適応の一形態として子どもへの暴力は古くから存在する。

　大人の子どもとの関わり方は洋の東西を問わず目を覆いたくなるような歴史がある。例えば日本の江戸時代には口減らしのために間引きが行われていたし、中世ヨーロッパでは 7〜8 歳の者は「小さな大人」とみなされ労働者として扱われ、それ未満の者は動物同様の扱いを受けたという。愛情をもって適切に養育すべき存在としての "子ども" 概念が獲得されたのは、欧州でもせいぜい 17 世紀頃であるし、東アジアを含むその他多くの地域においては第二次世界大戦終了後、国連に加盟した以降と考えてよいのではなかろうか。[2]

　しかしながら、子どもへの不適切な取り扱いとしての暴力、例えば、しつけと称する大人による子どもへの体罰に対する態度は国と地域によってさまざまである。2018 年現在、体罰を全面禁止している国と地域は 54 にとどまり、先進 7 か国についてはドイツとスペインの 2 か国のみである。日本で

は、親権をもつ者の懲戒権は旧民法（1890 年制定）と明治民法（1898 年制定・施行）より法制化され現行民法第 822 条で「親権を行う者は、第 820 条の規定による監護及び教育に必要な範囲内でその子を懲戒することができる。」と規定している。イギリスのように体罰による子どもの統制・矯正の長い歴史をもつ国や地域ほど相変わらず体罰は時と場合によっては「合理的罰」として容認されているのである。[3]

4.2　児童虐待の定義

　子どもの不適切な取り扱い（child maltreatment）は身体的なものに限ったことではない。日本において児童とは 18 歳未満の者を指し、「児童虐待の防止等に関する法律」第 2 条は、児童虐待には身体的虐待、性的虐待、ネグレクト（育児放棄）、心理的虐待の 4 類型があり、それぞれを表 1 のとおり定義している。

表 1　児童虐待の類型と定義

類型	定義
身体的虐待	児童の身体に外傷が生じ、又は生じるおそれのある暴行を加えること。
性的虐待	児童にわいせつな行為をすること又は児童をしてわいせつな行為をさせること。
ネグレクト	児童の心身の正常な発達を妨げるような著しい減食又は長時間の放置、保護者以外の同居人による前二号又は次号に掲げる行為と同様の行為の放置その他の保護者としての監護を著しく怠ること。
心理的虐待	児童に対する著しい暴言又は著しく拒絶的な対応、児童が同居する家庭における配偶者に対する暴力（配偶者（婚姻の届出をしていないが、事実上婚姻関係と同様の事情にある者を含む。）の身体に対する不法な攻撃であって生命又は身体に危害を及ぼすもの及びこれに準ずる心身に有害な影響を及ぼす言動をいう。）その他の児童に著しい心理的外傷を与える言動を行うこと。

児童虐待の防止等に関する法律（平成十二年法律第八十二号）

　身体的虐待とは、「児童の身体に外傷が生じ、又は生じるおそれのある暴行を加えること。」である。叩く、殴る、蹴る等の行為により子どもを傷つけることはもちろん、檻や拘束具等を用いて監禁することもこれにあたる。しつけの一環としての体罰についても怪我の程度によって身体的虐待とみなされる場合がある。なお、第198回通常国会において体罰禁止の規定を盛り込んだ改正児童虐待防止法と改正児童福祉法が成立し、2020年4月より施行されることになった。

　性的虐待とは、「児童にわいせつな行為をすること又は児童をしてわいせつな行為をさせること。」である。性的虐待は接触型と非接触型に分類される。接触型では、虐待者が児童の身体にわいせつな行為（性器の愛撫、性交、アナルセックス、オーラルセックス、フェラチオ等）を目的として接触することや児童に虐待者の唇、性器・アナルを触れさせる行為がある。一方、非接触型では、虐待者が児童に自らの性器・アナルに触れさせたり、自らの性行動（性交、マスターベーション）や不適切な性的内容を含む商品（アダルトビデオ、アダルトゲーム、ポルノ雑誌等）を見せることである。被害者がその被害を公にすることが困難なため統計には表れにくい。

　ネグレクトとは、「児童の心身の正常な発達を妨げるような著しい減食又は長時間の放置、保護者以外の同居人による前二号（身体的虐待と性的虐待）又は次号（心理的虐待）に掲げる行為と同様の行為の放置その他の保護者としての監護を著しく怠ること。」である。養育者は衣食住、医療、教育、安全、心理的安心感を子どもの発達に応じて適切に提供する責任を負っているが、子どもの健全な発達を損なうほどこれが無関心、拒否、怠慢等で放置されることを指す。

　心理的虐待とは、「児童に対する著しい暴言又は著しく拒絶的な対応、児童が同居する家庭における配偶者に対する暴力」である。具体的には、子どもに対しての脅し、否定、無視、きょうだい間での差別、子どもの目の前で家族に対して暴力（身体的、性的、心理的）を振るう（domestic violence）ことを指す。

4.3　データからみる子どもへの暴力

(1)　相談対応件数

　児童虐待は増加しているのであろうか。平成2年に全国の児童相談所が相談対応した事案は1,101件であったのに対し、それ以降は一貫してその件数は上昇を続け、平成29年（速報値）では133,778件と121.5倍にまで増加した。相談対応件数には継続対応のものが含まれているとしても、少子化というマクロ的下降圧力のなかで平成2年から平成29年までの28年間で年平均1.2倍ずつ増加してきたことになる。伸び率が最も大きいのは平成10年（1998年）から11年（1999年）にかけての1.68倍である。これについて、津島（2009）は、1990年代後半から2001年にかけて児童虐待に関する新聞記事件数が500件から600件と急増し、平成12年に成立・施行した児童虐待防止法と相まって児童虐待への社会の認知・問題意識、そして関心を高めたと分析している。[4] つまり、児童虐待への社会の監視の網の目が広がったためだとしている。この解釈が正しいと仮定すれば、近い将来、相談対応件数は平衡状態に落ち着き、遂には下降に転じるであろう。

　相談対応件数は平成21年に頭打ちになりそうな気配があった。平成20年度から平成29年度（速報値）までの虐待種別に相談件数の推移（表2、図3）をみると、性的虐待の件数は安定的に推移しておりその範囲 = 1,622 - 1,324 = 298件にとどまっている。身体的虐待（範囲 = 33,223 - 16,343 = 16,880）、ネグレクト（範囲 = 26,818 - 15,185 = 11,633）も増加傾向ではあるが、心理的虐待については範囲 = 72,197 - 9,092 = 63,105が最も大きい。図3の虐待種別相談件数の折れ線グラフをみると、総数と並行しているのは心理的虐待である。平成20年度から平成29年度まで各相談件数と総数について前年度との差をとったものを図4に示した。総数（前年度との差）と並行しているのは心理的虐待（前年度との差）であり、特に平成22年以降の相談件数の急激な増加は心理的虐待の増加によることがわかる。平成22年、陰惨な児童虐待事件が相次いだ。特に、東京都江戸川区のアパートで小学1年の男児（当時7歳）が両親から暴行を受けた後に死亡した事件[5]と本章の冒頭に示し

た大阪府大阪市で母親のネグレクトによる姉弟（当時 3 歳と 1 歳）の餓死事件である。

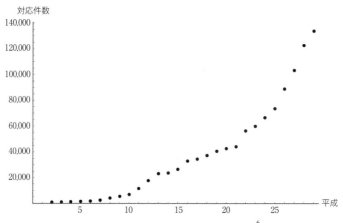

図 2　児童虐待相談対応件数の推移[6]

表 2　児童虐待相談対応件数の推移[6]

年度	身体的虐待	ネグレクト	性的虐待	心理的虐待	総数
H20 年度	16,343*	15,905	1,324*	9,092*	42,664
H21 年度	17,371	15,185*	1,350	10,305	44,211
H22 年度	21,559	18,352	1,405	15,068	56,384
H23 年度	21,942	18,847	1,460	17,670	59,919
H24 年度	23,579	19,250	1,449	22,423	66,701
H25 年度	24,245	19,627	1,582	28,348	73,802
H26 年度	26,181	22,455	1,520	38,775	88,931
H27 年度	28,621	24,444	1,521	48,700	103,286
H28 年度	31,925	25,842	1,622**	63,186	122,575
H29 年度	33,223**	26,818**	1,540	72,197**	133,778

*最小値、**は最大値である。

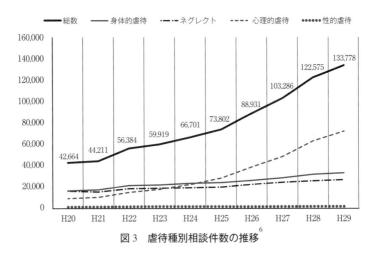

図3　虐待種別相談件数の推移[6]

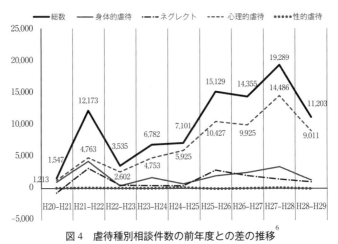

図4　虐待種別相談件数の前年度との差の推移[6]

(2)　誰が虐待するのか

　平成19年度から平成28年度までの主たる虐待者の推移を表3に示す。平成28年度に限ってみれば実母が48.5%と他の虐待者に比べて多いことがわかる。相談対応件数が増加しているので度数で示すと母親による虐待事案は増加しているようにみえる（平成19年度＝25,359人、平成24年度＝38,220

表 3　主たる虐待者の推移[6]

年度 ＼ 虐待者	実母	実父	実父以外の父親	実母以外の母親	その他	総数
H28（2016）	48.5 (59,449)	38.9	6.2	0.6	5.8	122,575
H27（2015）	50.8	36.3	6	0.7	6.1	103,286
H26（2014）	52.4	34.5	6.3	0.8	6.1	88,931
H25（2013）	54.3	31.9	6.4	0.9	6.5	73,802
H24（2012）	57.3 (38,220)	29	6.2	0.8	6.7	66,701
H23（2011）	59.2	27.2	6	1	6.6	59,919
H22（2010）	60.4	25.1	6.4	1.1	7	56,384
H21（2009）	58.5	25.8	7	1.3	7.3	44,211
H20（2008）	60.5	24.9	6.6	1.3	6.7	42,664
H19（2007）	62.4 (25,359)	22.6	6.3	1.4	7.2	40,639

実数＝％、（　）内＝人数

人、平成 28 年度＝ 59,449 人）。しかしながら、表 3 に示したように虐待者の内訳の 100 分率％で表すと平成 19 年度では実母と実父との間に 40 ポイントほど差があったが平成 28 年度現在では 10 ポイント程度とその差は大幅に縮まってきた。

　統計は主たる加害者は母親が最も多いことを示すが、これは母親の攻撃性が他の養育者と比べて高いことを示すものではない。母親の子どもとの接触時間が他の養育者と比べて突出して高いことを示しているに過ぎない。伝統的家族においては育児・看護・介護といった福祉機能を担っていたのは母親であり、育児・看護・介護が高度に社会化された現代においても夫婦の間では「時間を取れる方が家事と育児を担う」のであり、それは多くの場合に母親ということになる。

　総務省（2016）によると、1 日当たりの育児時間は母親が平均で 3 時間 45 分であったのに対し、父親は僅かに 49 分（母親のおよそ 22％）であった[7]。2016 年、実父による虐待が全体の 38.9％であったことを考えると、子どもとの単位接触時間あたりの虐待発生の可能性は父親の方が高いことが推測される。

(3) ひとり親家庭の状況

　判例のケースは、離婚を機に母子家庭となったものである。厚生労働省（2016）によると、日本にはひとり親世帯は 142 万世帯にのぼり、その内、父子世帯が約 13.2%（18 万 7000 世帯）であるのに対し、母子世帯は約86.8%（123 万 2000 世帯）である[8]。母子世帯になった理由で最も多いのは離婚の 79.5% であり、次いで未婚の母が 8.7% となっている。離婚を理由に母子世帯になった割合は一貫して増加傾向にあり、例えば 1993 年の調査では離婚を理由に母子家庭になった割合は 64.3% であった。

　日本の母子家庭の多くが経済的困窮に直面している。OECD（Organization for Economic Co-operation and Development：経済協力開発機構）（2017）によると、母親が就業している場合の相対的貧困率（全国民の所得の中央値の50% を下回る率）は、日本が 54.6% と高い[9]。2016 年の全世帯平均所得額は560.2 万円であるが、ひとり親の平均年間収入は父子世帯が 420 万円、母子世帯では 243 万円であった（厚労省 2017）[10]。

　離婚後、ひとり親家庭にとって未就学・就学中の児童がいる場合、離婚相手とは親権者の確定と子どもが自立するまでの養育費に関する協議は重要である。司法統計によると、離婚調停・離婚審判で離婚した夫婦のうち、父親が親権者となったのは 1,942 件であったのに対し、母親が親権者となったのは 19,314 件で 93.3% を占めた（法務省 2016）[11]。そして、離婚後養育費の取り決めをしていると回答した母親は、42.9% であり養育費を現在も受給しているのは 24.3% に過ぎない[12]。

4.4　児童福祉小史

　日本の児童福祉の黎明は終戦の 2 年後の 1947 年に制定し児童福祉法に遡る。終戦後の 1945 年から 1952 年にかけて日本は連合軍最高司令官総司令部（General Headquarters：GHQ）の占領下に置かれ、後に福祉三法体制と呼ばれる（旧）生活保護法（1946 年制定）、児童福祉法（1947 年制定）、身体障害

者福祉法（1949 年制定）は、GHQ の指示のもと戦争によって破壊された人々の生活支援・救済を目的に創設されたといってよい。太平洋戦争で日本はおよそ軍人と民間を合わせておよそ 310 万人の犠牲者を出しており、同時に123,504 人の戦争孤児を生み出した[13]。孤児たちの多くはこれまで篤志家らによって各地に設立されていた孤児院で保護されていたが、児童福祉法の制定により孤児院は個人・団体の慈善事業としての役割を終え、養護施設（1997年には児童養護施設）と改称され国の公的福祉事業を担う施設へと転換した。

　児童福祉法は、児童への禁止行為や児童福祉司、児童相談所、児童福祉施設（助産施設、乳児院、児童養護施設、母子生活支援施設、保育所、児童厚生施設、児童自立支援施設、障害児入所施設等）を定めた。児童の誕生から18 歳までの養育・養護に必要な諸施策を定めた児童福祉法の制定はこれまでの「育児は家庭の責任」という伝統的家族の役割を「家庭から社会へ」と大きく移譲させたといえる。

　児童福祉法の制定以降、児童の養育・養護の支援を目的とした政策が次々に打ち出されていく。特に、高度経済成長期に児童扶養手当法（1961 年制定）、特別児童扶養手当等の支給に関する法律（1964 年制定）、児童手当（1971 年制定）の経済的支援の拡充がなされた。

　その一方で、1975 年に 2.00 を下回り 1.91 を記録した特殊合計出生率は急速に減少を続け少子化に歯止めがかからない状況になる。そこで日本政府はいよいよ 1994 年に本格的な少子化対策としてエンゼルプランを策定し、社会全体で子育て支援を行うことを目的とし、共働き世帯支援として、これまで 3 歳から 5 歳までとした保育所の受け入れ児童年齢を 3 歳未満に拡大したこと、預かり時間を延長することなどが盛り込まれた。以降、2003 年には少子化対策基本法が成立し、これに基づき 2004 年には少子化対策大綱が策定され総合的かつ長期的な少子化対策が本格的に始まることとなった。

表 4　児童福祉小史年表と特殊合計出生率の推移

年	法・計画・条約	説明	出生率
1946 年（S21）	日本国憲法		
1947 年（S22）	児童福祉法	児童への禁止行為や児童福祉司、児童相談所、児童福祉施設を定めた	4.32
1951 年（S26）	児童憲章	内閣総理大臣招集の児童憲章制定会議により国民全体の申し合わせとして、すべての児童の幸福を図ることを目的とした憲章	
1961 年（S36）	児童扶養手当法	父親と生計を別にする児童の母親もしくは養育者に支給される手当	
1964 年（S39）	母子福祉法		
1964 年（S39）	特別児童扶養手当等の支給に関する法律	身体または精神に障害を有する 20 歳未満の児童を持つ養育者に支給される手当	
1965 年（S40）	母子保健法	母子の健康保持・増進を目的に、健康指導・健康診断・医療について定めた	
1971 年（S46）	児童手当法	児童の養育にともなう家計負担の軽減を目的に支給される手当	2.16
1981 年（S56）	母子福祉法が母子及び寡婦福祉法に改正※		
1994 年（H6）	子どもの権利に関する条約を日本が批准	1989 年 11 月 20 日に国連総会で採択（発効は 1990 年 9 月 2 日）され 195 か国が批准。日本は 1994 年に批准	1.50
1994 年（H6）	エンゼルプラン	文部省・厚生省・労働省・建設省による少子化対策として、総合的に子育て支援を行うことを目的とした実施計画。3 歳児未満の保育所受け入れ枠の拡大、延長保育の増加等が盛り込まれた	
1997 年（H9）	児童福祉法 改正	保育制度の大幅な改正。放課後児童健全育成事業を法制化した	
1999 年（H11）	新エンゼルプラン	平成 11 年度終了のエンゼルプラン後継の少子化対策。更なる保育サービスの充実、仕事と育児の両立のための環境整備が推進された	
1999 年（H11）	児童買春・児童ポルノに係る行為等の処罰及び児童の保護等に関する法律成立	18 歳未満の児童を対象とした児童買春・児童ポルノに関する措置を定めた	
2000 年（H12）	児童虐待の防止等に関する法律	児童虐待の防止・早期発見・保護を定める。議員立法で成立	1.36
2000 年（H12）	健やか親子 21	母子の健康水準の向上を推進する国民運動計画。切れ目ない妊産婦・乳幼児への保健対策、学童期・思春期から成人期に向けた保健対策が特徴	
2003 年（H15）	少子化対策基本法	急速な少子化に的確に対処するための施策を総合的に推進することを目的としている。本法により平成 16 年少子化対策大綱が制定された	
2004 年（H16）	発達障害者支援法	自閉症、アスペルガー症候群その他の広汎性発達障害、学習障害、注意欠陥・多動性障害などの発達障害をもつ者に対する支援について定めている	
2006 年（H18）	就学前の子どもに関する教育、保育等の総合的な提供の推進に関する法律	就学前児童への教育と保育の充実を推進することを定めている	

※ 2014 年（H 26）　母子及び父子並びに寡婦福祉法に改称
S：昭和　H：平成

4.5　判例事案の支援

　日本における児童虐待事案への有効な介入を妨げる要因として、専ら人員不足の児童相談所頼みの体制と、関連機関どうしの有機的な連携が実現していないこと2点があげられる。一部の欧米諸国では、通報により警察が駆けつけ子どもを保護すると、子どもの心身のケアを医療・保健・心理職が、子どもと保護者双方の権利擁護と虐待者の行為に関する違法・適法性の証明を司法が、子どもと家族との生活再建の支援を福祉が担うといった連携が通常であるが日本の実情はそれとは程遠いものがある。

　日本の児童虐待対応の流れは概ね図5のとおりである。通告・相談が第三者からもたらされた場合、各市町村は受理会議を開き、48時間以内に該当家庭の初期調査とリスクアセスメントを行う。[14]その結果、事案の緊急性が評価され緊急性がある場合には児童相談所へ通知、緊急性がない場合には関連機関の連携により在宅において児童の見守り、保護者への助言指導が行われる。

　緊急性のある事案について児童相談所は当該家庭への立入調査を行い、児童の生命に危険が及ぶと判断されれば児童を一時的に保護者から分離し一時保護所において保護を実施する。調査結果の検討と援助方針会議を経たのち、児童を施設入所措置もしくは在宅指導が決定される。

　図5のとおり、児童虐待の介入は当事者による相談もしくは第三者による通告がその発端となる。判例事案については、通告はあったものの児童相談所の職員が家族に直接会うことができなかったこと、家族と同じマンションの住民が聞いたとする子どもの泣き声を自ら確認しなかったことにより、立入調査および子どもたちの一時保護を実現できなかったことにある。

図5　児童虐待事案の対応の流れ

　ここで判例事案について介入の可能性を検討することは、仮定に基づくものであり、判例事案が発生した当時、被告人と 2 児に関わりを持つことになった個人や団体を批判することではない。あくまで、ソーシャルワークの観点に基づいた場合に、判例事案にどのように社会はアウトリーチできたかを検討するものであり、そこから反省的に今後の福祉政策への提言を見いだそうとするものである。

（1）ABCX モデルによる解説

　被告人と 2 児の生活の生活が不安定な状態に陥るきっかけは、被告人の《浮気》a_1 により夫との関係が《不和》a_2 になりそのことによって《離婚》a_3 し被告人が《2 児を引き取る》a_4 ことになったこと、以上 4 点に尽きる。被告人には頼れる親族もなく、勤務先の《キャバクラ》b_1 と勤務時間中に子ども預けた《託児所》b_2 しか生活の安定に資する資源は見当たらない。

　被告人は寂しさを解消するため離婚後、《1 人で夜の仕事をしながら子育てをすることに限界》c_1 を感じており、そのような生活からの逃げ場を求めるように 2 人の《交際相手》$b_{3,4}$ と 2 児を自宅に残したまま連日外泊するようになり、自宅に取り残された 2 児は十分な食事を与えられず脱水をともなう低栄養による飢餓により死亡した。

（2）判例事案への介入 ——アウトリーチの可能性

　仮に、この母子家庭に介入できたとすればどの時点で何ができたかを検討する。まず、被告人が離婚し 2 児の親権を獲得した時点 t_1 が重要な局面であった。親権が母親である被告人が持つことになったとしても父親には 2 児に対する養育義務を負うものである。元夫と被告人が離婚後もなお 2 児の養育について協力することの確認とこれを見守る弁護士が存在していたかが重要である。また、仮に離婚調停が行われたとすれば、離婚後の被告人と 2 児の生活の見通しと養育費等の生活支援について話し合われる。そのような場面で家庭裁判所は、被告人が無職であること、加えてまだ手のかかる乳幼児

　2人の親権者に被告人がなることを踏まえ2児の安定した生活の実現に向け児童相談所と保健所にアウトリーチを促すこともできたであろう。実際には、被告人と元夫は当事者間での話し合いで離婚を決め一緒に離婚届を提出している。

　当時1歳であったCについて1歳半検診の通知が保健所より被告人にあった。未受診の場合には再通知で受診を促し、それでも音沙汰がない場合には児童相談所と連携の家庭訪問、所在不明の場合には元夫をはじめとする親類縁者を通じて児童の所在を明らかにするべきであった[15]。

　家族は2010年1月（t_3）名古屋市から大阪市へ引っ越しする。同年3月時点（t_4）では新たな交際相手を得て連日の外泊が始まる。2児の遺体は2010年7月30日（t_8）、被告人家族が暮らすマンション住人から「異臭がする」との通報で駆けつけた警察により発見された。2遺体は死後1か月ほど経っていた。なお、遺体が発見されるまでの間、「子どもの泣き声がする」などの虐待を疑う通告が児童相談所に3度寄せられたが児童相談所の職員は母子に接触できずにいた[16]。

　予防・介入という観点からは少なくとも、①離婚時、②Cの1歳半検診通知と所在不明が確認されたとき、そして③一家と同じマンションに住む住人からの「子どもの泣き声」に関する通告のあった時、行政による接触が実現できていたら少なくとも2児の死亡は回避できたと考えられる。杉山（2013：199）は、②と③の行政対応は、「滅多にないこと」、つまり《想定外》を理由に意に留めることがなかったとしていることについて、滅多にない稀少ケースだからこそ踏み込んだ対応が必要であったとしている。

　「滅多にないこと」への対処について情報理論は重要なことを教えてくれる。情報理論（information theory）では珍しいこと、つまり発生する確率が低い事象の情報量は大きいと考える（図6）[17]。確率の低い事象は不確実性が高いからこそ、それを知ることにより不確実性（uncertainty）を減じることができる。

　例えば、街中で突然これまで聞いたこともないような大きな破裂音がした場合、歩行者はどのように反応するであろうか、驚くとともに身の安全を確保しつつ、爆音がした方向を目視し何が起きたかを確認するに違いない。破

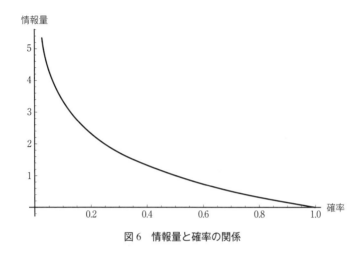

図 6　情報量と確率の関係

　裂音の原因が判明すれば、街中で滅多に起きないが起こりうるものへの理解が進むのである。

　③の通告への対応について補足すれば、児童相談所職員は母親が幼い子どもを自宅に残し、長期間帰宅しないことなど想定していなかったという。

　児童相談所職員に限らず援助職に就く者らは、過去の実践経験に裏打ちされた知見に照らして、ケースの緊急性を判断するスキームもしくは枠組みを持っているものである。問題は、その枠組みに納まらないケースに遭遇した場合にこれを不詳扱いし、その緊急性を見誤ってしまうことである。虐待対応を担う児童福祉司は 1 人当たり平均 41 ケースを抱えている。[18]支援の決定している既存ケースへの対応に追われる彼らが、児童虐待を理解する自前の枠組みに当てはまらない《滅多にない》通告を受けた場合に、アウトリーチできるかといえば例外事例を教訓とした教育・訓練が必要であると考える。

表 5　判例事案の ABCX モデルによる時系列分析

	時期・事実	a：ストレッサー	b：既存資源
t_0	平成 18 年 12 月 ・元夫であるＡと結婚 平成 19 年 5 月 16 日 ・長女Ｂを出産 平成 20 年 10 月 16 日 ・長男Ｃを出産	出産	夫 夫の両親
t_1	平成 21 年 5 月 ・被告人が浮気 ・Ａとの関係が悪化→離婚 ・ＢとＣを引き取る ・親権者になる ・名古屋市でキャバクラ勤め ・1 人で子育て 平成 21 年 9 月 ・Ｂらがたびたび熱を出す ・託児所に預けられない日がある ・Ｂらを自宅に置いて勤めに出る	浮気 夫との関係悪化 離婚 キャバクラ勤務 親権取得 子育て 子どもの体調不良	勤務先 託児所
t_2	平成 21 年 10 月頃 ・Ｂらを自宅に置いたまま当時交際していた男性と度々外泊		交際相手 $_1$
t_3	平成 22 年 1 月 ・大阪市内の風俗店で勤務 ・Ｂらとともに、大阪市ａ区所在のマンションに入居 ・1 人での子育てに限界を感じる ・逃げ場希求	交際相手別離 引っ越し	勤務先
t_4	平成 22 年 3 月頃 ・男性と交際 ・男性勤務のホストクラブに頻繁に通い始め、Ｂらを自宅リビングに放置したまま、その男性方に連日外泊 ・Ｂらにコンビニで買った飲食物を与えるために短時間だけ自宅に帰るという生活		交際相手 $_2$ ホストクラブ

c：認知	x：危機状態	考　察
良好	安定	平和で安定的な生活がおよそ 2 年 5 か月続く。出産はストレッサーではあるが、B 出産の 17 か月後に C が生まれたところをみると夫婦仲が良好であったことが推測される
不良	突入	当時の夫婦関係の状況については不明。被告の浮気から夫の関係が急激に悪化し離婚に至る。浮気の引き金、夫との関係悪化、離婚はいずれも重大なストレッサーである。被告が 2 人の子どもの親権者になった。経済状況は逼迫していたとみられ、キャバクラに勤務する。家計と育児を 1 人で支える状況は相当なストレス状況にあったと考えられる。子どもたちの体調不良が続き、託児所に預けられない時も子どもたちを自宅に置いたまま出勤している。ネグレクトが常態化しつつあり、子どもを自宅に置いて外出することに慣れを感じたか
不良		子どもたちを自宅に置いてたびたび交際相手宅に外泊するようになる **乳幼児の長時間放置は危険であり、この時点で保護の必要があった**
不良		交際相手との別れ、名古屋市から大阪市への引っ越しはストレッサーである。風俗店に勤務し始める。勤務中に子どもたちを託児所に預けたかは不明。**1 人での育児に限界を感じている**
限界 逃避願望		新たな交際相手ができ、子どもたちを自宅に残し交際相手の勤めるホストクラブ通いで現実逃避する。自宅にほとんど帰らなくなる。自宅に短時間滞在し不十分な食事しか与えず、生命に危険の及ぶネグレクト状態が日常化している

	時期・事実	a：ストレッサー	b：既存資源
t_5	平成22年5月16日 ・徐々に帰宅しない期間を長期化 ・Bらを風呂に入れるなどの世話もしない 平成22年5月16日当時 ・Bらは、慢性的な低栄養状態、手足が痩せ細り、顔も無表情になるなど、被虐待児特有の症状		交際相手 ホストクラブ
t_6	平成22同年6月9日の直近 ・同日の1週間から10日前に自宅に帰ったが、その際も、Bらの前に、2、3食分の飲食物を開封するなどして置いた		交際相手 ホストクラブ
t_7	平成22年6月9日 ・帰宅 ・蒸しパン、おにぎりなどをリビングにいるBらの前に置いた ・ゴミと糞尿が散乱した不衛生な室内を発見 ・Bらが相当衰弱している様子を確認 ・リビングと廊下との間の扉に粘着テープを貼って固定、玄関ドアに鍵をかけBらが出てこられない状態にした ・自宅から早々に立ち去った		水道設備無 空の冷蔵庫
t_8	平成22年6月下旬頃までの間 ・Bらに食事を与える手立てを取ることもないまま、帰宅することなく放置 ・Bらをいずれも脱水をともなう低栄養による飢餓により死亡させて殺害 ・2児の遺体は7月30日に発見		

c：認知	x：危機状態	考　察
限界 逃避願望		
限界 逃避願望		
Bらの死亡の 可能性を認識		衰弱しきった子どもたちを救う最後の機会であったが、発覚を恐れてか子どもたちが家から出られないように細工する。そのまま放置すれば子どもたちの生命に危険があることを認識していた
		およそ3週間、子どもたちを放置の末、低栄養による飢餓により死亡させて殺害した

注

1　大阪地方裁判所平成 24 年 3 月 16 日、平成 23 （わ）398 号。

2　1959 年に「児童の権利に関する宣言」が採択され、その 30 年後の 1989 年に「児童の権利に関する条約」が採択（1990 年に発効）された。日本は 1994 年にこれを批准、1995 年の条約 20 条 1 の改正の受託は 2003 年である。

3　2004 年成立の Children Act 2004 の 58 条では親もしくは保護者に限ってのみ適応されるのであって教育機関等あるいはこれに従事する者は含まれない。

4　K 容疑者の逮捕容疑は、2019 年 1 月 24 日千葉県野田市で当時 10 歳の女児、A が死亡する事件が起こった。午前 10 時頃から午後 11 時 10 分頃の間、父親の K 容疑者（41）とその妻で母親の N 容疑者（31）と共謀し、自宅で A に暴行を加え傷害を負わせたというもの。K 容疑者はしつけの一環と容疑を否認。事件の悲惨さゆえ、連日マスコミに取り上げられ、世間の児童虐待への関心を高めた。これを受けて与野党から、しつけを名目とした体罰を含む子どもへの体罰を禁止する法整備を求める意見が噴出。2019 年 3 月 19 日児童虐待防止法、児童福祉法において親による体罰、親が子どもを戒めることを認める民法 822 条（懲戒権）の改正の検討が始まり、児童相談所（児相）の体制強化や子どもへの体罰禁止などを柱とした児童虐待防止関連法改正案が 19 日の参院本会議で可決・成立した。改正案は、①中核市や東京特別区が児相を設置できるよう、法施行後 5 年をめどに整備状況などを勘案し、人材育成などの措置を講じること、②親や児童福祉施設長がしつけとして子どもに体罰を加えることを禁止、③児童相談所などに対し、虐待をした親の回復支援を求めることなどが盛り込まれた。親が必要な範囲で子どもを戒めることを認める民法上の「懲戒権」は、施行後 2 年をめどに見直すこととなった。

5　東京都は平成 22 年 4 月 28 日、専門家部会による聞き取り調査の中間報告書を発表した。報告書によると、平成 21 年 9 月、児童虐待を担当する「子ども家庭支援センター」は男児の顔が 1.5 倍に腫れ上がるなど虐待を疑うべき状況について墨田児童相談所に情報提供したものの相談所が適切な助言をしなかったこと、男児が虐待を受けて入院していた都立墨東病院（墨田区）でも、男児本人から怪我をした時の状況を聞き取りしなかったこと、その結果、担当医師は同病院内の児童虐待の対策委員会に報告していなかったことも判明した。

6　厚生労働省（2017）『平成 29 年度 児童相談所での児童虐待相談対応件数：速報値』（https://www.mhlw.go.jp/content/11901000/000348313.pdf）。

7　総務省（2016）「社会生活基本調査」より。

8　厚生労働省（2016）「平成 28 年度全国ひとり親世帯等調査」より。

9　OECD（2017）Educational Opportunity for All: Overcoming Inequality throughout the Life Course.

10　厚生労働省（2017）「平成 29 年国民生活基礎調査の概況」より。

11　法務省（2016）「司法統計」（http://www.courts.go.jp/app/files/toukei/313/009313.pdf）。

12　厚生労働省（2016）「平成 28 年度全国ひとり親世帯等調査」より。

13　厚生省児童局（1950）「日本における児童福祉の概況」。厚生省は、1947 年 2 月戦争孤児数を把握するため一斉調査を行った。

14　なお、通告・相談は児童相談所に直接なされることがある。

15　被告人一家の足取り等、判例に示されない情報については次書が詳しい。杉山春（2013）『ルポ虐待 ——大阪二児置き去り死事件』ちくま新書。

16　当時、児童相談所職員は取材に対し、「もしどこかのタイミングで子どもたちの泣き声を職員が直接聞いていたら、何としてでも助けたと思う。大きな反省点の 1 つは、同じ住民から 3 回、虐待を疑う通告があったのに、その後の調査や対応の進捗状況がセンターとして十分把握できていなかったこと。1 回目や 2 回目に訪問した時の状況を、組織全体で共有し、対応について検討できていたら子どもたちを救えた可能性もあった」と答えている。
https://dot.asahi.com/aera/2018113000013.html?page=1 より引用。

17　情報理論はシャノン、C.E.（Shannon, C.E.）により提出された。情報量 I は $I = Log\ P\ (X)$ と定義される。$P\ (X)$ は、X が起こる確率を指す。

18　東洋経済新報社（2019）「パンクする児童相談所」『東洋経済』9 月 21 日号。

●・・ **章末問題**

問 1） 児童相談所の児童虐待相談対応件数が増加を続ける理由を説明せよ。

問 2） 主たる虐待者のうち実母が最も多い理由を説明せよ。

問 3） 行動分析学の三項随伴性を用いて子どもへの体罰のメカニズムを説明せよ。

第章　配偶者への暴力

　本件は、判示のとおりの配偶者からの暴力の防止及び被害者の保護に関する法律に基づく保護命令違反の事案である。

　被告人は、平成9年2月14日B（以下「被害者」という）と結婚し長女長男をもうけたが、長女誕生のころから気に入らないことがあると被害者に暴力を振るうようになり、その暴力は年々激しくなり、被害者が被告人の暴力を警察に相談するようになり、平成15年10月31日被害者との離婚話がもつれ被害者に傷害を負わせる事件を起こして逮捕され同年11月11日罰金10万円に処せられ、その間被害者は甲府地方裁判所に保護を申請し、同月6日保護命令が発せられ翌7日被告人に送達された。その後被告人は被害者側と離婚の話が進み、被害者が保護命令を取り下げ、被害者が子供2人を引き取ることにし同月18日離婚したが、被害者は被告人の暴力を恐れて保護命令を取り下げなかった。被告人は、離婚後被害者に「会って話をしたい。」、「食事に行こう。」などと電話をしたりし、また子供との面会を求め、被害者の母親と子供との面会の件でトラブルとなり同女に被害者との会話を求めたがこれを拒否されたことから、被害者が当時居住していた判示の同人の実家に赴いて同家の玄関を叩き「開けろ。」、「開けろ。」などと叫んだもので、被告人の本件犯行は、元々は被告人の被害者に対する言われなき暴力に端を発したもので、裁判所の保護命令を全く

無視するものであって、上記法律の趣旨を没却するものと言わざるを
得ず被告人の刑事責任は重い。
　しかしながら、被告人には上記罰金前科のほか業務上過失致死の罰
金前科以外前科がないこと、以前にも身柄拘束の経験はあるものの今
回相当期間勾留され反省する機会が与えられ十分反省の態度が認めら
れること、情状証人として出廷した実母が被告人の今後の指導監督を
誓約していること、被告人及び実母も、今後は子供との面会について
は家庭裁判所に相談しその指示に従う旨及び現住居を引き払い肩書き
帰住予定先の実家に戻る旨述べていること、被害者は既に保護命令の
取消を申し立て保護命令が取り消されていること等被告人に有利な又
は同情すべき事情も認められ、これらの情状を斟酌すると、被告人に
対しては今回に限り社会内で更生する機会を与えるのを相当と認め主
文の刑に処し、その刑の執行を猶予することとした。

【ABCX モデルによる解説】

　被告人と被害者は、長女長男をもうけたが、長女誕生（*a*）の頃から
気に入らないことがあると被害者に暴力を振るうようになり（*a*）、その
暴力は年々激しくなり、被害者が被告人の暴力を警察（*b*）に相談する。
離婚話がもつれ被害者に傷害を負わせる事件を起こして逮捕され（*a*）、
被害者は甲府地方裁判所に保護を申請し、保護命令（*b*）が発せられた。
被告人は、被害者が保護命令を取り下げ、被害者が子ども2人を引き取
る（*a*）ことにして離婚した（*x*）が、被害者は被告人の暴力を恐れて（*c*）
保護命令を取り下げることはなかった。

5.1　夫婦関係の破綻と配偶者間暴力

マズローが示した5つの基本的欲求のうち生理的欲求、安全欲求、そして
所属欲求は主に家庭で充足されるといっても過言ではない。さらに、夫婦が
子どもたちを持とうと決意するとき、彼らは社会からの承認や「親になる」

ことに「なりたい自分」を重ねることもあり、承認欲求と自己実現欲求も家庭で充足される者がいるのも不思議ではない。そして、社会的経済的に自立し巣立ちを終えた子どもが生まれ育った家族から離れ、両親と同様に家庭を築こうとするのは自然なことである。

　家庭を築くためには配偶者が必要となるが、今日これを獲得することは容易ではない。家庭観は自らが育った家庭において学習され良くも悪くも影響を受けており、あらかじめ期待した自身と配偶者の家庭における役割は十人十色である。そして、求婚者間で交換される情報は対称ではない。恋愛中もしくはお見合いなどの状況において、人が配偶者候補には自らを相手のニーズに適う存在であることをアピールすることは当然であり、そのためには結婚が実現するまで相手に嘘つくことや相手にとって重要な情報を隠すことさえある。攻撃性もその 1 つとみてよい。

　通常、攻撃性は親密な関係の構築や結婚という社会的契約が実現するまで発揮されることはない。結婚までに 2 人の間で交わされた数多の約束とその履行の要請は、時間の経過とともに変化する相手への親密性（intimacy）や寛容性（tolerance）によって影響を受け、偏った上下関係など不健全な関係性が両者の間に成立した場合には攻撃性が発揮されることもある。[2]

　一度、家庭内で配偶者がその攻撃性・攻撃行動を発揮すれば、家族のホメオスタシスは急激に崩れ ―― 被害者の加害者への社会的経済的および心理的な依存の程度にもよるが ―― 日常の回復に向けた対処は非常に困難なものになると言わざるを得ない。また、2 人の間に幼い子どもがいる場合には児童虐待へと発展する可能性は大きい。

（1）　夫婦のマッチングとその崩壊 ―― 社会的交換理論

　個人または集団の間で送り手と受け手に分かれて財やサービスをやりとりすること、すなわち交換（exchange）は経済現象にとどまらない。個人間あるいは集団間の関係性の発生過程とその成立も交換の観点から説明できる。特に、恋愛関係や夫婦関係の発展と崩壊について社会的交換理論（social exchange theories）による説明はそれなりの説得力を持つ。

　今日の経済現象の一形態として観察される交換では、送り手と受け手がやりとりする財・サービスの貨幣価値の情報が共有されている。もちろん、買い手（つまり、受け手）によっては財の原価および販売にかかる経費等の情報すべてを入手できない場合もあり、送り手と受け手の財に関する情報量が対称とは限らないが、少なくとも買い手は同じ財を扱う複数の売り手（つまり、送り手）が設定する価格を比較し適正価格を推定できる。

　ところが、恋愛関係と夫婦関係の成立と崩壊の過程でやりとりされる財（ここでは、資源やニーズと呼べるもの）は価格のように可視化可能なものばかりではない。学歴や職業といった稼得能力を暗示するものばかりではなく、人柄、価値観、容姿、性的魅力、家事・育児の能力などその数値化が困難なものが含まれる。恋愛相手と結婚相手を発見すること、そして成立した特別な対人関係を維持することは、互いに保有する資源（ニーズ）の交換がどの程度お互いの欠乏状態を改善・解消するかにかかっていると社会的交換理論は説明する。社会的交換理論にはいくつかのバージョンがあるがここでは公平理論、互恵モデル、そして投資モデルを紹介する。

（2）公平理論

　公平理論を提唱した Adams（1965）によれば、対人関係において、人は自分が得た成果（outcome）と投入（investment）を相手のそれと比較し、自分の方が損であれば不公平感（feeling of injustice）、自分の方が得であれば喪失感（deprivation）（≒罪悪感）を経験し、双方ともに同じ場合には幸福感や満足感は最大になると仮定し、数式にすると次式のようになる[3]。

$$EQ = \frac{O_a}{I_a} - \frac{O_b}{I_b}$$

　ここで EQ は公平感、O は成果、I は投入を表し、下添え字 a と b は自己と相手を指す。公平感が高ければ関係は安定し、双方が継続すると期待することも仮定される。O_a と O_b はそれぞれが相手から引き出したい財であり、I_a と I_b は投入された自身の保有する財である。a の報酬、コスト、および投資に対する a 自身の認識は、a の状況に対する b の認識とは必ずしも一致しない。

$$\frac{O_a}{I_a} = \frac{O_b}{I_b}$$

となれば公平感は最大となるが、

$$\frac{O_a}{I_a} > \frac{O_b}{I_b}$$

の場合や

$$\frac{O_a}{I_a} < \frac{O_b}{I_b}$$

ということもある。例えば、伝統的夫婦では、夫は外で仕事を通じて収入を得る一方で、妻は家事・育児を行う。

$$\frac{O_夫}{I_夫} = \frac{O_妻}{I_妻} \Rightarrow \frac{家事_夫}{仕事_夫} = \frac{収入_妻}{家事_妻}$$

と夫婦ともども認識している場合、公平感は最大になりそのことが結婚生活に対する満足感を高めると考えられる。しかしながら、どちらか一方でも

$$\frac{家事_夫}{仕事_夫} > \frac{収入_妻}{家事_妻}$$

や

$$\frac{家事_夫}{仕事_夫} < \frac{収入_妻}{家事_妻}$$

のように評価するなら不公平感や相手への負い目の感情が生じる事態となりその程度が深刻なものになると関係性の継続が困難になると考えられる。

（3）互恵モデル

　社会的交換過程において二者が互いに報酬（rewards）を与えあうことによって、最終的に両者が得る報酬が等しくなることを互恵性（reciprocity）とよぶ（Gouldner 1960）[4]。Gouldner（1960: 171–176）は、ほとんどすべての社会が何らかの形の互恵的規範を支持しており、「自分を助けた他者を助け

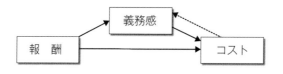

図1　対人関係における互恵性

注）実線は正の影響、点線は負の影響を示す。

なければならず、自分を助けた他者を傷つけてはならない」という規範とし
ての互恵性は、実存的かつ民族的信念水準にまで達した道徳的規範の中心に
据える概念であるとし、社会をはじめとするあらゆる集団の維持と安定に寄
与すると主張している。

　Rook（1987）は、対人関係において互恵性が生じる場合を次の2通りあ
るとした。[5]

　1つ目は、人は他者から《報酬》を受け取ると《義務感》が生じ、この《義
務感》を媒介して《コスト》（つまり、相手に報酬を与えること）が生じる
場合である。例えば、妻に看病してもらった経験のある夫が、その経験から
生じた義務感により、妻が病気になったとき看病することを動機付けられる
場合である。[6]

　2つ目は、人は他者から《報酬》を受け取ると《満足感》が生じ、この《満
足感》を媒介して《コスト》が生じる。思いがけないプレゼントを貰ったと
き人は送り主との関係性に満足感を覚えるものである。機会を選んで、送り
主にお返しすることを動機付けられる場合がこれにあたる。

（4）投資モデル

　Rusbult（1980）は投資モデルを提唱し、関係に対する満足度（satisfaction）

と関係の継続意図と期待（commitment）[7]をそれぞれ次のように定式化した。

$$SAT = (REW - CST) - CL$$

　ここで SAT は満足度、REW は報酬、CST はコスト、CL は比較水準を指す。報酬が多くコストが少なく比較基準が低いほど、満足度が高くなることを示している。

　関係の継続意図と期待は次式のとおりである。

$$COM = SAT - ALT + INV = (REW - INV) - (CST + CL + ALT)$$

　ここで COM は関係の継続意図や期待、ALT は他の代替関係（alternative relationship）から得られたと期待できる満足度、INV はその投資を表す。現在の満足度よりも代替関係の満足度が低いと期待されれば、現在の関係を継続するということを示している。代替関係とは現在の関係を解消し、他の者と恋愛関係や婚姻関係を持つことを意味する。

（5）　安定マッチング ―― ゲール・シャプリー・アルゴリズム

　Gale と Shapley（1962）は、N 人（N＝n$_{男}$＋n$_{女}$, n$_{男}$＝n$_{女}$）の男女が全員「独身であるよりも、少しでも好ましい相手と結婚したい」と考えている場合、各個人の選好（preference）順序を反映しつつ全員が結婚を実現するという安定結婚問題（stable marriage problem）についてその解となる Gale＝Shapley Algorithm を提出した。[8] 表 1 には、左右に男女プレーヤーとその選好順位に従って相手の名を示した。

　男性が「告白」するゲームでは、女性は「受理」「保留」、そして「拒否」

表 1　男女三人の選好表

1位	2位	3位	男性	女性	1位	2位	3位
京子	正子	花子	一郎	正子	三郎	二郎	一郎
京子	花子	正子	二郎	花子	二郎	一郎	三郎
花子	京子	正子	三郎	京子	三郎	一郎	二郎

の3つの行為を選択できるものとする。最初に誰にも「保留」されていない男性1人がまず一番結婚したい女性に「告白」する。次に、「告白」を受けた女性は、まだ相手がいない場合か、もしくは、今「保留」している男性よりも好きな相手なら「告白」してきた人を「保留」し、今まで「保留」していた人を「拒否」する。すべての男性が誰かに「保留」されるまで続けると安定マッチングが完成する。なお、選好順位が互いに1位どうしのペアは必ず安定マッチングに含まれる。

　男性から「告白」する場合に導出される安定マッチングは、告白の順番によらない。女性が「告白」する場合の安定マッチングは、一般的には男性が「告白」する場合とは異なる安定マッチングが得られる。

　各人の選好は、得られた情報によって決まると言ってよい。確認できる容姿はもとより、相手の自己申告による情報である。ここで各プレーヤーは事実と嘘を織り交ぜて情報を発信することができる。参加者全員が正直者である場合と、嘘つきが混入している場合の選好は異なってくる。したがって、安定マッチングの妥当性は選好情報の質によって左右される。合理的判断の結果、嘘をつく者がいるなかでもたらされた安定マッチングは、その後の

男性告白ゲームの場合の例		
一郎→京子	[一郎]	
二郎→京子	[一郎]	二郎×
三郎→花子	[三郎]	
二郎→花子	二郎〇	三郎×
三郎→京子	三郎〇	一郎×
一郎→正子	一郎〇	

一郎　←――――→　正子
二郎　←――――→　花子
三郎　←――――→　京子

告白→、保留 [ ]、受理〇、拒否×

図2　ゲーム進行と結果

「満足」を保証するわけではない。結婚後、「こんなはずではなかった」と後悔する人は後を絶たない。

(6) 交換関係の破綻と攻撃性

パートナーとの交換関係への評価が期待を大きく下回るとき、人は大きなフラストレーションに襲われる。そもそも、人が必要とするニーズ（財・サービス）は基礎的なものを除いて時間経過とともに変化することがある。

例えば、夫婦間だけで成立していた交換関係が、子どもの誕生によって大きな変化を強いられることがある。余暇・レジャー等に割く時間と支出は養育費のために抑制しなければならないし、共働き夫婦であれば、妻の産休明けの育児休暇をどちらが取得するのかを決めるなどの生活問題に直面する。育児期の夫婦は、子どもの成長を第一とした協働について合意しやすい。しかし、子どもの成長・自立にともない双方がパートナーに期待する役割は概ね縮小し、2 人が一緒にいることの喜びや意義を見失うこともある。

子どもの巣立ちの頃、つまり結婚から 20〜30 年後、夫婦はそれぞれの両親の介護を含めた老後生活をいかにして支えるかという大きな課題に直面する。伝統的家族においては看護・介護の役割を担っていたのは母親と嫁であったが、少子高齢化の今日、それを専ら女性に期待することはそもそも無理がある。自分の親に加えて配偶者の親の介護をすることを回避するために離婚を選択するケースもある。[9]

以上のように、交換関係の質的変化とその破綻は恋人や夫婦にとって大きな危機、ストレッサーになる。フラストレーションが攻撃行動を引き起こすことは 2 章でも述べたとおりである。離婚のデータでも取り上げるが、離婚申し立てした女性の多くが夫の攻撃行動により離婚を決意している。夫婦関係の破綻の背景に次のような説明も成り立つのである。

《交換関係の破綻》→《フラストレーションあり》→《攻撃行動》

図 3　交換関係の破綻と攻撃行動

5.2　データからみるマッチング・離婚・配偶者間暴力

(1)　結婚相手に求める条件（考慮＋重視）

　第15回出生動向基本調査に含まれる「未婚の男女が結婚相手に求める条件」の結果を表2に示した。男女ともに「人柄」が1位を占める一方、男性では「家事・育児の能力」が2位（92.8%）、「仕事への理解」が3位（88.2%）、「容姿」が4位（84.3%）と続いた。女性では「家事・育児の能力」が2位（96.0%）、「経済力」が3位（93.3%）、「仕事への理解」が4位（93.2%）となっている。

　男性は伝統的家族における性別役割分業（いわゆる、「男は仕事、女は家庭」）を踏襲するかのような条件が上位を占める。「経済力」「職業」「学歴」のいずれも女性と比べて明らかに低い。

　他方、女性の結婚相手に求める条件の2位に上がった「家事・育児の能力」は、1位の「人柄」に僅か2%足りないもののほぼ拮抗する結果となっている。3位に「経済力」（93.3%）が上がっているものの、4位の「仕事への理解」も93.2%とほぼ同じ割合を占めていることをみると多くの未婚女性が男性の経済力に頼りたい一方で、昨今の厳しい賃金事情を鑑み結婚後も仕事を継続すること、そのためには夫の家事・育児への協力が必要不可欠とみているようだ。

表2　結婚相手に求める条件

（%）

条件	男性	女性
人柄	95.1	98.0
経済力	41.9	93.3
職業	47.5	85.5
容姿	84.3	77.7
学歴	30.5	54.7
家事・育児の能力	92.8	96.0
仕事への理解	88.2	93.2
共通の趣味	73.2	74.9

第15回出生動向基本調査（国立社会保障・人口問題研究所2015年実施）未婚者n=8,754

(2) 配偶者間暴力の認知件数

平成 14 年から 29 年までの配偶者間暴力（domestic violence）の認知件数の推移を図 4 と表 3 に示した。認知件数は一貫して上昇を続けるが平成 23 年と 24 年に急激に増加しているのがわかる。内訳別に推移をみると、殺人は平成 17 年をピークに緩やかではあるが減少傾向にある一方で、暴行と傷害は経年増加している[10]。

(3) 離婚理由

平成 29 年度の全国の家庭裁判所に離婚申し立てのあった事件について、その動機を性別に上位 10 位までのものを表 4 に示した。男女ともに「性格が合わない」が最も多いが、男性では全体の 61.6%（≒11,030/17,918×100）を占めるのに対し、女性では 39.4% に留まる。女性について、2 位から 4 位まですべて虐待による理由（2 位「生活費を渡さない」＝経済的虐待（28.9%）、3 位「精神的に虐待する」＝心理的虐待（25.3%）、4 位「暴力を振るう」＝身体的虐待（21.6%））で占められている。男性の 2 位も「精神的に虐待する」で

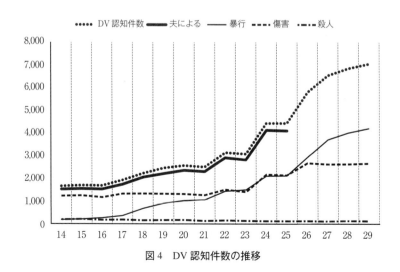

図 4　DV 認知件数の推移

表3　DV認知件数の推移[11]

年度（平成）	DV認知件数	夫による	殺人	傷害	暴行
14	1,666	1,528	197	1,250	219
15	1,718	1,574	215	1,269	234
16	1,694	1,554	206	1,198	290
17	1,939	1,749	218	1,342	379
18	2,239	2,082	179	1,353	707
19	2,471	2,232	192	1,346	933
20	2,584	2,369	200	1,339	1,045
21	2,516	2,324	152	1,282	1,082
22	3,159	2,927	184	1,523	1,452
23	3,091	2,829	158	1,415	1,518
24	4,457	4,149	153	2,183	2,121
25	4,444	4,120	155	2,154	2,135
26	5,807	—	157	2,697	2,953
27	6,542	—	147	2,652	3,743
28	6,849	—	158	2,659	4,032
29	7,064	—	157	2,682	4,225

表4　離婚理由[12]

順位	夫	妻	件数（夫）	件数（妻）
1位	性格が合わない	性格が合わない	11,030	18,846
2位	精神的に虐待する	生活費を渡さない	3,626	13,820
3位	その他	精神的に虐待する	3,545	12,093
4位	異性関係	暴力を振るう	2,547	10,311
5位	家族親族と折り合い不良	異性関係	2,463	7,987
6位	性的不調和	その他	2,316	5,173
7位	浪費する	浪費する	2,218	5,000
8位	同居に応じない	家庭を捨てて省みない	1,569	3,946
9位	暴力を振るう	性的不調和	1,500	3,500
10位	家庭を捨てて省みない	家族親族と折り合い不良	1,011	3,254

注）申し立て総数 n=65,725（n 夫= 17,918、n 妻= 47,807）

はあるが、20.2% に留まり離婚を申立てた夫婦に限ってみると、男性より女性が虐待事案に遭遇していることがわかる。

5.3　配偶者間暴力のリスク要因

Pan ら（1994）は 11,870 人の米国の白人男性を対象に行った調査により、男性が若年（being younger）、低収入（having a lower income）、アルコール乱用（having an alcohol problem）の問題を抱えていると軽度から重度の妻への身体的攻撃の確率が大幅に増加し、仕事上のストレス（work stress）ではなく、夫婦間の不和（marital discord）と抑うつ症状（depressive symptomatology）は、軽度と重度の身体的攻撃の両方の可能性をさらに増加させ、なかでも夫婦間不和が最も影響力のある変数であることを示した。[13]

Kyriacou ら（1999）が家庭内暴力により負傷し救急治療室において治療を受けた 256 人の女性たちと、他の理由で救急治療室にて治療を受けた 659 人の女性との比較研究において、家庭内暴力による負傷のリスクが最も高い女性は、アルコール乱用、薬物使用、失業中もしくは断続的に雇用・解雇を繰り返し、高校教育を受けていないといった問題を抱える男性パートナーを持ち、それには元夫、疎遠夫、または元ボーイフレンドも含まれると報告している。[14]

Abramsky ら（2011）が日本を含む 11 か国 20,497 人を対象に行った調査によれば、女性が親密な関係者から受ける暴力（intimate partner violence: IPV）のリスクとして見いだされたのは相手の低学歴、アルコール乱用、同居中、若年、妻を暴行することに悪びれない態度、外に性的パートナーを持つこと、子どものとき虐待を経験していること、家庭内暴力に曝され育ったこと、および他の形態の暴力を成人期に経験または実行したことがあるであった。[15]

先の文献によれば：

1. 児童期に被虐待経験を持つ
2. 若年
3. 高等教育を受けていない
4. 低収入の職に就くか失業を繰り返す
5. 日常的にアルコール・薬物等を使用している

　以上 5 つの特徴を持つ男性と親密な関係を持つ男性（恋人、元恋人、夫、元夫）と関わりのある女性は DV 被害にあうリスクが高いことを示唆している。また、社会文化的背景の違いが多様な男女観と結婚観を醸成し、各人の配偶者へのあるべき態度や行動を規定することがあるのは言うまでもない。Abramsky ら（2011）は、男性が妻を暴行することに悪びれない態度を IPV のリスクとして明らかにしたが、IPV 撲滅には、子どもや女性が父親（そして男性）に対して従順であるべきとする文化的規範（cultural norm）を変える必要があるとしている。

5.4　配偶者間暴力への介入

　配偶者間暴力への介入の柱は、「相談・介入体制の強化」「被害者の安全確保の徹底」「被害者とその家族の生活再建と自立支援」となる。介入の流れは概ね図 5 のとおりとなる。配偶者から日常的に暴行を受ける者が、配偶者暴力相談支援センター（以下、単に相談支援センター）を訪れるか、負傷し受

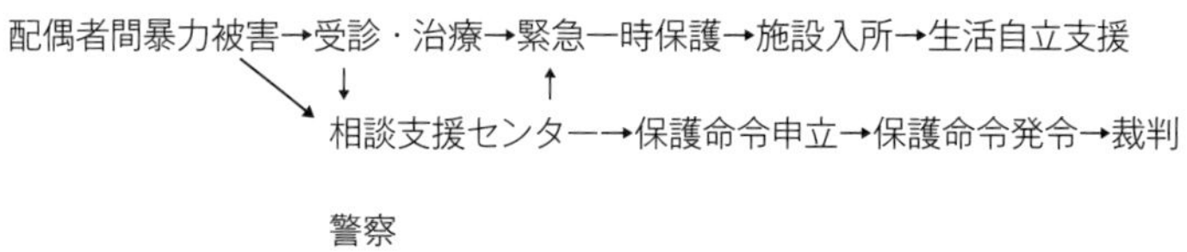

配偶者間暴力被害→受診・治療→緊急一時保護→施設入所→生活自立支援
　　　　　　　　↓　　　↑
　　　　　相談支援センター→保護命令申立→保護命令発令→裁判

　　警察

図 5　配偶者間暴力被害への介入

診先の病院や診療所から相談支援センターおよび警察へ通告する場合である。

　加害者の暴力が一向に収まる気配がないと判断される場合、被害者は相談支援センター、弁護士、警察らの協力を得ながら裁判所に保護命令申立を行うことができる。[16] なお、被害者の居場所等の徹底した情報管理は関係機関（表5）にとって最重要事項である。[17]

表 5　配偶者間暴力を支援する関係機関と法

介入領域	関係機関	法制度
相談・介入体制の強化	配偶者暴力相談支援センター	児童福祉法（1947 年）
	児童相談所	生活保護法（1950 年）
	保健所	売春防止法（1956 年）
	福祉事務所	母子及び寡婦福祉法（1964 年）
	裁判所	配偶者暴力防止法（2001 年）
	警察	
	医療機関	
	弁護士・司法書士	
	学校、幼稚・保育園	
安全確保の徹底	婦人保護施設	
	一時保護所	
生活再建と自立支援	公営住宅	
	母子生活支援施設	
	養護施設、乳児院	

Column　男余りと晩婚化

　2015 年に行われた「国勢調査」で深刻な男余りの実態が明らか
になった。今日初婚年齢は男女ともおよそ 30 歳前後であるが、30
歳から 39 歳までに限って男女の差をとると男性は女性よりもおよ
そ 893,739 人多いことがわかった。これは男性が女性よりも 30％多
いことを意味する。生涯未婚率は、2015 年に男性 23.4％、女性
14.1％で、推計によれば 2040 年には、男性 29.5％、女性 18.7％ま
で上昇するという。結婚の難化つまり配偶者獲得をめぐる競争の激
化は男女双方にマッチング戦略の見直しを迫ることになる。「女性
に好まれる男性像」「男性に好まれる女性像」と本来の自分を見比
べ、時には好まれる「私」を演じる必要に迫られる。しかし、その
ようなことは決して長続きはしない。結婚には、生活の安全保障と
いう重要な機能があるが、それよりも遥かに豊かなものでもある。
他者と家庭を築くことは、自分以外の人間の価値観、ものの見方、
喜び、怒り、悲しみ、楽しみに触れる機会を与えてくれる。スペッ
ク詐称なる戦略はやめ、自分にも相手にも誠実に向き合うことが最
も戦略的に思える。

注

1　平成 16（わ）4。

2　大渕憲一（1986）「質問紙による怒りの反応の研究 ——攻撃反応の要因分析を中心
に」『実験社会心理学』25（2）、127–136.

3　Adams, J.S.（1965）Inequity in social exchange. *Advances in Experimental Social Psychology*,
2, 267–299（「投入」といえば、まず金銭や時間があげられるが、Adams（1965）は、技能
（skill）、努力（effort）、教育（education）、訓練（training）、経験（experience）、年齢（age）、
性（sex）、民族的背景（ethnic background）なども含めている）.

4　Gouldner, A.（1960）The norm of reciprocity: A preliminary statement. *American
Sociological Review*, 25, 161–178.

5　Rook, K.S.（1987）Reciprocity of social exchange and social satisfaction amomg older
women, *Journal of Personality and Social Psychology*, 52, 145–154.

6　経済学では、夫婦の家事育児等の分業に互恵性を認める。夫婦の分業にみる互恵性
は、Rook（1987）の第一経路に相当するものと解釈できる。

7　Rusbult, C.E.（1980）Commitment and satisfaction in romantic associations: A test of the investment model. *Journal of Experimental Social Psychology*, 16, 172–186.

8　Gale, D. and Shapley, L.S.（1962）College Admissions and the Stability of Marriage. *American Mathematical Monthly*, 69, 1, 9–14.

9　厚生労働省（2018）「平成 30 年人口動態統計月報年計（概数）の概況」によれば、平成 30 年の離婚件数は 208,333 件、うち同居期間 20 年以上の「熟年離婚」は全体の 18.5% を占めた。平成 17 年の 15.4% からは 3％の上昇である。なお、離婚件数は平成 14 年 289,836 件をピークに減少傾向にあるが、熟年離婚の割合は上昇傾向にある。

10　傷害罪と暴行罪は、故意に他人に暴行を加える点で共通するが、暴行を加えたものの傷害には至らなかった場合には暴行罪が、あった場合には傷害罪が成立する。

11　警察庁「犯罪情勢」より。

12　法務省（2019）「平成 29 年　司法統計 19 婚姻関係事件数申立ての動機別申立人別　全家庭裁判所」。

13　Pan, H.S., Neidig, P.H., & O'Leary, K.D.（1994）Predicting mild and severe husband-to-wife physical aggression. *Journal of Consulting and Clinical Psychology*, 62（5）, 975–981.

14　Kyriacou, D.N., Anglin, D., Taliaferro, E., Stone, S., Tubb, T., Linden, J.A., Muelleman, R., Barton, E., and Kraus, J.F.（1999）Risk Factors for Injury to Women from Domestic Violence. *The New England Journal of Medicine*, 341, 1892–1898.

15　Abramsky, T.A., Watts, C.H., Claudia, G., Karen, D., Ligia, K., Mary, E., Henrica, AFM. J., Lori, H.（2011）What factors are associated with recent intimate partner violence? findings from the WHO multi-country study on women's health and domestic violence. *BMC Public Health*, 11, 109, 1–17.

16　保護命令制度とは、配偶者や居場所を同じくする交際相手からの身体に対する暴力を防ぐため、被害者の申し立てにより、裁判所が加害者に対し、被害者への接近等を禁じることなどを命ずる制度である。

17　2012 年、神奈川県逗子市で元交際相手からストーカー被害に遭っていた女性が自宅で殺害される事件が起きた。加害者は探偵を使い市役所職員から不正に被害者の住所を聞き出した。

［参考資料］

内閣府（2019）『2019 年度版　少子化社会対策白書』。

●・・ 章末問題

問1) 夫婦関係において交換される情報の非対称性が持つリスクとは何か説明せよ。

問2) 結婚相手に求める条件に男女差が生じる背景について説明せよ。

問3) 交換関係の破綻によって配偶者間暴力が引き起こされるメカニズムについて欲求不満─攻撃性の仮説に基づいて説明せよ。

第6章　いじめ

判例[1]

被告らは、原告に対し、連帯して 1491 万 4783 円及びこれに対する平成 18 年 8 月 18 日から支払済みまで年 5 分の割合による金員を支払え

【事案の概要】

1　本件は、A が解離性同一性障害に罹患してその後自死したことについて、A の母である原告が、A が被告学園の経営する中学校在学中に同級生から受けたいじめに対して、被告らが適切な措置を講ずべき義務を怠ったことによるものであるなどとして、被告学園に対しては債務不履行又は不法行為に基づき、その余の被告らに対しては不法行為に基づき、連帯して 4246 万 5969 円の損害賠償及びこれに対する遅延損害金の支払を求めるとともに、被告らがそれぞれ原告に対して A に対するいじめの事実を否定し、暴言を吐くなどして精神的苦痛を与えたなどとして、被告らに対し、不法行為に基づき、それぞれ 100 万円の損害賠償及びこれに対する遅延損害金の支払を求めた事案である。

(1)　本件生徒らが A に対して行った行為

【原告の主張】

本件生徒らは、A に対し、以下の各行為を行った。

ア　A に対してシカト（無視）を続けた。

イ　毎日のように、A に、「ウザイ」、「キモイ」、「死ね。」、「反吐が出る。」、「鼻の脂」、「脂ういとるけど。」、「にきび」、「眉毛が太すぎなんだけど。」、「毛が濃い。」、「毛が濃いのに出さんといて。」、「天パー」、「デブ」、「ブス」、「へんな顔で学校に来るな。」、「汗臭

い。」、「もう学校に来んで欲しい。」などの言葉を浴びせ続けた。

　これらの言葉は、Aに向かって言うよりも、複数名で寄り集まって、Aの横に行くなどし、Aをシカト（無視）しつつ、Aにわざと聞こえるように大声で発言されることが多く、教室の後ろのロッカーの近くで集まって、Aを取り囲むようにして口々に述べることもあった。また、このような言葉による中傷は、登下校時や休憩時間だけではなく、授業中にも行われ、「今日もうざいんだけど。」などと席の離れた者同士でわざとAに聞こえるように会話することもあった。［……］

　トイレの個室に入っているAに上から水を浴びせたり、黒板に汚い顔を描き、Aに見立ててトイレのスリッパを投げつけたりした。［……］

　本件クラス全体で撮影した写真にAだけ入れないように邪魔をしたり、学級写真のAの顔の部分を黒く塗りつぶしたりした。

　Aがクラスの男子生徒と話そうとすると、その男子生徒に、Aと話さないように言った。

　平成15年2月ころ、Aの靴の中一面に画鋲を敷き詰めたり、Aの靴箱の中に画鋲をばらまいたり、Aの靴箱と靴の裏を接着剤でくっつけたりした。［……］

【被告らの主張】

　原告の主張は否認ないし争う。

　Aが、Y中学に在学していた当時、本件クラスでも、些細な感情のすれ違いから生徒間で対立し、Aを含めた本件クラスの生徒らが、「ウザイ」、「キモイ」、「死ね。」といった悪口を言い合ったり、いたずらをする等の出来事はあった。しかし、それらの行為があったとしても、特定の生徒に対するいじめと評価すべきものではなく、Aに対するいじめではなかった。

【ABCX モデルによる解説】

　A は日本人の母（原告）(b) とカナダ人の父親との間の長女として出生（平成元年 12 月 30 日）したものの原告と父親は平成 5 年 5 月に A の親権者を原告と定め離婚した (a)。A は中学に進学するも平成 14 年 9 月ころから 15 年 3 月まで同級生らに《いじめ》を受け (a)、結果、解離性同一性障害に罹患し (c)、自殺に至った (x)。

6.1　《いじめ》と家族の危機

　就学期の子どもは 1 日の 3 分の 1 を学校で過ごす。子どもたちは学校で家族以外の大人の教師、クラスメイト、他の同級生、上級生、そして下級生といった複雑な人間関係のなかに長時間その身を置く。複雑な環境に適応できる子どもたちにとって、学校は知識と教養を身に付けるのみならず、心身と社会性の成長を促す機会に満ちた場である一方、学校不適応児にとっては学校に長時間拘束されることは苦痛以外の何物でもない。特に、子どもたちの間で何らかの葛藤が生じた時に速やかな介入と問題解決がなされず、長時間これが放置される場合の子どもたちへの負の影響は、親や教師の想定を超えた事態を招くことがある。いじめられる子の不登校、自傷、そして自殺はもとより、彼らによるいじめっ子への致傷・致死的反撃といった事態を招きかねない。

　就学期の子どもを持つ家族にとって、子どもの学校生活の平穏は、学校と教育委員会、そしてそこで働く教職員（以下、単に学校関係者とする）に委ねるほかないが、ひとたび《いじめ》事案が発生した時、学校関係者らは適切に対応できないことが多いようだ。

　《いじめ》の発見は日に日に難しくなっている。特に、2000 年以降急速に普及した携帯端末とインターネットにより、《いじめ》は学校や他の生活空間のみならず、サイバー空間にまで及ぶようになった。いじめ現象が社会の変化とともにより複雑化するなか、子どもたちを見守り導く親や教師はいじめ問題撲滅への積極的意志の確認と、各自の立場と役割を超えた協働による

介入策を講じる時代に入ったと認識すべきである。

6.2 《いじめ》の定義と理論

《いじめ》（bullying）とは、自分よりも立場の弱い者を身体的・精神的に苦しめることとされる。ある集団においては、何らかの規則にのっとり生成される成員間の階層構造において、上位の者が下位の者を身体的・社会的・心理的に不適切に扱うことである。各成員がどの階層に属するかは、集団内で共有される価値観・規範・規則に基づき、年齢、性別はもとより身体的、心理的、社会的特徴によって決まるといってよい。

学校に通う子どもたちにもこの階層構造は存在する。子どもたちは互いに「先輩」と「後輩」にはじまり、それぞれに地位を含意する「運動のできる子」「勉強のできる子」「一緒にいて楽しい子」「おもしろい子」「明るい子」「静かな子」「キモイ子」「ウザイ子」「どんくさい子」などといったタグ付けを与え与えられる関係性のなかで生きている。そのような関係性のなかで《いじめ》は立ち現れてくる。

デュルケム（1895＝2018：31）は「……何らかの要素が互いに結合し、その結合の事実から新たな現象が生み出される時には常に、そうした現象は要素の内にではなく、要素の結合によって形成された全体の内に位置づけられるということ、このことがきちんと理解されなければならないのだ」としたうえで、「あらゆる社会を構成しているあの一種独特の総合が、孤立した意識の内に生じるものとは異なる新たな現象を生み出すのだとすれば、この〔新なる現象たる〕独特の事実は社会の部分、すなわち社会の成員の内にではなく、その事実を生み出した社会そのものの内に存する」（Durkheim 1895＝2018：33）と社会的事実の特徴を説明した。[2]　そして、彼は社会的事実を「その固定性に関わりなく個人に外的拘束を及ぼしうる、あらゆる行為様式のことである。さらに言えば、それは、その個人的な表現から独立したそれ自身の存在性を持つ、所与の社会に一般的に広まっているあらゆる行為様式である」（Durkheim 1895＝2018：64）と定義した。多くの個人が参与する

ことで、各人の意識にもはや依存しないような行為、慣習、思考などでそれが各人を拘束するようなものを社会的事実と呼ぶならば、《いじめ》もそれに含まれるといえる。

（1）社会的相互作用説

　テダスキーとフェルソンは社会的相互作用説のなかで、人がある目標・目的を達成するための手段として攻撃行動を自覚的に選択することがあるとした。なかでも、人は自身の社会的アイデンティティーを集団内で確たるものとするために攻撃的行動を選択し、それは、子どもたちの間にも《いじめ》として観察される。

　しかしながら、《いじめ》は非常に複雑な現象である。《いじめ》の当事者の範疇は、いじめる側といじめられる側のみで成立しているわけではない。双方の家族（親・保護者と兄弟姉妹など）、ほかの子どもたち、教職員たちと多層的である。そして何より、当事者間の関係性の質とその状態によって作り出される環境あるいは《場》（field）が《いじめ》発生の可否を決定すると考えられる。

　戦後日本の学校はどうであろうか。明治23年発布された『教育勅語』に示された全体主義的教育観、つまり個人は全体を構成する部分に過ぎず、個人の言動は全体の成長・発展のために行われなければならず、個人の自由・権利よりも国家・民族を優先するという教育観は、戦後一掃されたのであろうか。[3]GHQ統治下、「……個人の尊厳を重んじ、真理と平和を希求する人間の育成を期するとともに、普遍的にしてしかも個性豊かな文化の創造をめざす教育を普及徹底……」を全文に据える教育基本法が終戦から2年後の1947年に制定された。しかしながら、戦後多くの人々が体験したことは国家に代わる共同体としての学校や会社への参加を強制され「人格的自由あるいはトータルな人間を収奪され……隷属させられる」（内藤　2001:20）という事態ではなかったか。

　内藤（2001）は、《いじめ》現象を中間集団全体主義の弊害、つまり集団心理的密度が異常に高い共同体に無理やり押し込められた結果、刺激・誘発

される嗜虐意欲とその遂行とみている。[4] 子どもたちは、決められた場所で半固定化された集団への帰属が強制され、1日の大半を皆で同じことをして過ごしている。内藤（2001）は、日本の過密飼育的な教育を改め、各人が自由に距離を調整できる権利を保障することが《いじめ》問題解決の正解と主張する。

（2）Bronfenbrenner の生態学的理論 ── Espelage による援用

　学校という《場》における集団の成員間の相互行為から《いじめ》現象を理解しようとの取り組みがなされている。Espelage（2014）[5] は、《いじめ》をよりよく理解し、その予防的要因を評価・検討する枠組み（framework）として Bronfenbrenner（1977, 2000）の生態学的理論（Ecological Theory）[6] を援用している。Bronfenbrenner は、カオス理論（chaos theory）[7] を導入し従来の生態学モデルの修正を試みた。学校での《いじめ》に援用されたこのモデルはしばしば社会生態学的モデルと呼ばれ、子どもの個々の特性が環境の文脈やシステムとどのように相互作用（interaction）して被害化（victimization）や加害（perpetration）を促進または防止するかを理解することに焦点を当てている。

　このモデルでは、システム全体を4つのレベル（マイクロシステム、メゾシステム、エクソシステム、マクロシステム）に分け、システム内の相互作用を評価する。まず、子どもたちが直接接触する「構造」(structures) や「場所」(locations) は、マイクロシステム（microsystem）と呼び、これらには仲間、家族、地域社会、そして学校が含まれる。

　次に、マイクロシステムの構成要素間の相互作用をメゾシステム（mesosystem）と呼ぶ。子どもの学校への親の関与など、家族と学校の間の相互関係がメゾシステムの例といえる。

　エクソシステム（exosystem）は、子どもが直接接触する対象ではなく、他のマイクロシステムを通して間接的に彼らに影響を与える社会的背景である。例えば、教師やスタッフの学校の状態に対する認識、いじめ、学校での暴力、または校風について、専門的能力を開発・発揮する機会があるかどう

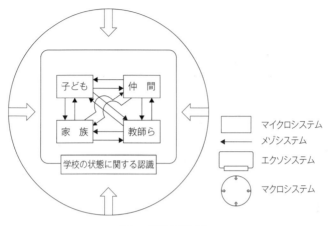

図1　学校システム

かなどある。

　マクロシステム（macrosystem）は一般的に文化的な青写真とみなされており、社会的構造や活動をさまざまなレベルで決定する可能性がある。これには、組織的、社会的、文化的、そして政治的な文脈が含まれ、それらは他のシステムレベル内の相互作用に影響を与える。

　マイクロシステムの状態、マイクロシステム間の相互作用としてのメゾシステムは適切か、そしてそもそも下位システムに影響を及ぼすマクロシステムがどのような状態であるかを検討することの重要性を本モデルは説く。

　例えば、いずれの社会（マクロシステム）においても《いじめ》を是とはしないであろうが、子どもたち（マイクロシステム）の学校生活における言動に対して親たち（マイクロシステム）がどの程度関与するかについては、親の個性とその所属する社会の規範・規則によって差が生じる。「《いじめ》は起こってはならない」とする《親たちと学校との相互作用》（メゾシステム）が一方通行なものである場合はどうであろうか。すなわち、子どもたちの学校生活の管理責任を一方的に学校と教職員ら（マイクロシステム）に押し付けるとすれば、《いじめ》の予防、発生時における適切な対処の責任は学校と教職員が一手に担わなければならず、ただでさえ日常業務に忙殺される彼らは、そもそも《いじめ》の存在そのものを認めなくなる可能性がある。シ

ステム全体においていずれのレベルでも《いじめ》とそれによって引き起こ
された二次被害を良しとしていないにもかかわらず、あるいは、そのために
ミクロシステムの一部は《いじめ》という入力そのものをないものとするこ
とがある。ミクロシステムそれ自体が自律的に自己の継続的存続のために振
る舞うのである。

「弱い者を助け守る」といった道徳的規範は部分的には家庭で醸成される
ものであり、あらゆる面で未熟な子どもたちの成長を親と教師が協力しなが
ら促していくことが必要である。《いじめ》が重大な事態であると認識がシ
ステム全体に広く共有される一方で、その責任の大部分を学校と教師らに専
ら背負わせるとするならば、彼らが《いじめ》に目を背け、「そのような事
実は確認できていない」とする隠ぺい風土が蔓延することもあろう。

仮に、未熟な子どもたちの複雑な関係性上の葛藤から《いじめ》は生じる
ものという認識と、《いじめ》はすべての関係者が協働で取り組むべき課題
であるという認識がシステム全体で共有されるならば、《いじめ》への対処
の柔軟性と即応性が実現できるかもしれない。

Espelage（2014：261）は、学校組織と教職員が《いじめ》の予防・介入に
関する専門的な知識・技術を身に付ける必要性を訴える。さらに、生徒たち
とその親たちを巻き込んだ《いじめ》予防・介入啓発活動を行い、メディア
を通じてそれらの活動を地域へと伝達することで、《いじめ》問題に対し人々
が傍観者（bystander）ではなく身近な人として介入しようとする意識の高ま
りを創り出すことができると提言している。

6.3　データからみるいじめ

（1）いじめの認知件数

いじめは増加しているのであろうか。平成 22 年から 29 年のいじめの学校
種別の認知件数の推移を表 1 と図 2 に示した。[8] 総数に関して平成 25 年と 26
年に若干の停滞をみるもののそれ以降は急激に増幅しているのがわかる。平
成 29 年についてみると、いじめの認知件数の 77.5%（=311,322/401,594×

表1　《いじめ》の認知件数の推移[8]

年度	総数	小学校	中学校	高校	特別支援学校
平成22	74,742	36,520	32,368	5,474	380
23	67,322	32,705	29,636	4,648	333
24	191,004	116,259	60,931	13,009	805
25	181,028	117,688	53,646	8,933	761
26	182,985	121,648	51,200	9,181	956
27	218,038	150,038	57,032	9,724	1,244
28	313,590	233,668	68,291	10,017	1,614
29	401,594	311,322	77,137	11,212	1,923

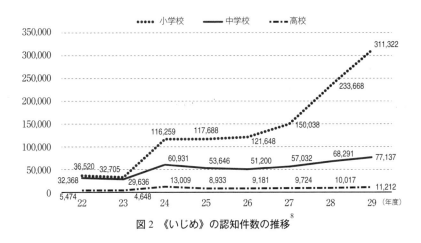

図2　《いじめ》の認知件数の推移[8]

100）を小学校が占め、中学校が19.2%、高校が2.8%と続く。学校種別にいじめの認知件数をみると高校を除いて経年増加が確認される。

（2）いじめの加害児の動機と被害児の言動・特徴

加害児の動機として最も多いのは「からかい・面白半分」が60.7%と最も多い。「からかい・面白半分」にいじめられる被害児の特徴として「力が

弱い・無抵抗」が最も多く 34.2% にも及び、次いで「態度・動作が鈍い」
が 10.2% を占める。「はらいせ」としての《いじめ》を生じさせる被害児の
言動で最も多いのは「いい子ぶる・なまいき」が 14.7% と最も多い（表2）。
　認知された《いじめ》の多くが弱い者いじめであることがわかる。この場
合加害児に《いじめ》をしているという意識が乏しい。一方、被害児にとっ
て加害児の行為は「からかい・面白半分」というものではなく身心ともに傷
つけられていると認識している。「からかい・面白半分」は長期に及ぶこと
があるがそれは、被害児の無抵抗性と併せて「からかい・面白半分」行為の
行動随伴性が加害児の行為を強化している（例えば、被害児の泣き顔、困っ
た様子などが好子となっている）と考えられる。被害児が無抵抗、すなわち
反撃、教職員への通告など加害児にとって嫌子の出現が一向に現れないこと
が《いじめ》行動を強化し、被害児は自分なりの救援サインを出したとして

表2　加害児の動機と被害児の言動（複数回答）[10]

加害児の動機	被害児の言動・特徴	％
はらいせ	いい子ぶる・なまいき	14.7
	よく嘘をつく	3.3
	仲間から離れようとする	1.6
	人気がある	0.4
	家柄・家族の資産を自慢	0.4
	学力がすぐれている	0.0
	その他	11.4
からかい・面白半分	力が弱い・無抵抗	34.3
	態度・動作が鈍い	10.2
	肉体的欠陥がある	2.0
	非行や規則違反を知って	6.1
	すぐに泣く	1.2
	その他	6.9
違和感	転校生	0.0
	交わろうとしない	2.9
	その他	6.1

も誰にも受け止めてもらえず、かつ身近に相談できる人物を持たない場合には学習性無気力（learned helplessness）に陥り心身ともに重篤な状況に陥ることもある。

　表3に学校種別にみた被害の内容を示す。被害の内容で最も多いのは、いずれの学校においても「冷やかしやからかい」であり、小学校と中学校では「軽くぶつかられたり等」が2番目に多い。高校では、「パソコンや携帯電話等で、誹謗中傷等」が2番目に多く（なお、中学校では4番目に多い）、進級するごとに《いじめ》の舞台がサイバー空間へと拡張している様子が伺える。発見されやすい「ひどくぶつかられたり、叩かれたり等」は小学校で5番目に多いが、中学では7番目と急激に減少する。《いじめ》の認知件数の

表3　学校種別にみた《いじめ》被害の内容[8]

被害の内容	小学校		中学校		高校		特別支援学校	
年度	28	29	28	29	28	29	28	29
冷やかしやからかい、悪口や脅し文句、嫌なことを言われる	146,282	194,848	46,839	52,812	7,981	9,238	869	1,098
仲間はずれ、集団による無視をされる	37,105	45,362	10,196	10,685	1,917	2,076	131	167
軽くぶつかられたり、遊ぶふりをして叩かれたり、蹴られたりする	56,999	73,435	10,940	11,623	1,574	1,629	394	483
ひどくぶつかられたり、叩かれたり、蹴られたりする	16,183	19,727	3,358	3,574	621	584	143	181
金品をたかられる	3,425	3,575	884	884	379	370	35	67
金品を隠されたり、盗まれたり、壊されたり、捨てられたりする	14,799	18,218	4,200	4,826	757	853	74	120
嫌なことや恥ずかしいこと、危険なことをされたり、させられたりする	17,901	24,886	4,483	5,352	869	954	156	159
パソコンや携帯電話等で、誹謗中傷や嫌なことをされる	2,679	3,455	5,723	6,411	2,239	2,587	138	179
その他	10,903	13,365	2,481	2,970	611	757	97	133

推移では、一貫して学年が上がるにつれ減少している。《いじめ》の発生件数がそもそも減少すると考えられる一方で、《いじめ》が巧妙化し発見しにくいものへと変質していることもあるであろう。

(3) 被害児の相談相手

　平成29年度文部科学省による《いじめ》の認知件数の内、《いじめ》が発見されるきっかけとして最も多いのは「アンケート調査など学校の取り組み」で52.8%、「本人からの訴え」は18.0%、「担任」は11.1%に留まっている[10]。なお、警察が介入するほどの深刻な《いじめ》では、被害児の相談相手で最も多いのは、保護者の73.5%であり、次いで教師（40.8%）、そして警察等相談機関である（表4）[11]。

　子どもたちは、匿名性が担保されなければ通告をしない。また、学校生活で子どもたちと最も長い時間を過ごすとされる「担任」でも《いじめ》の発見が容易ではないことが伺える。《いじめ》への介入の端緒は、第三者による発見もしくは被害児自らの通告・相談である。《いじめ》が発生する場は、学校のみならず学外やサイバー空間に及ぶ。学校（教職員）と保護者による見守りには限界があり、子どもたちの《いじめ》への対処として誰かに相談・通告することを躊躇しないような働きかけと相談体制を整備することが重要である。

表4　被害児の相談相手[11]

相談相手	% （n=147）
保護者	73.5
教師	40.8
友人	7.5
警察等相談機関	23.8
その他	6.8
相談しない	9.5

6.4　いじめへの介入

　スクール・ソーシャルワークによる《いじめ》への介入のプロセスは 3 章にあるプロセスと同様である。問題は図 3 にあるとおり学校、関係者、関係機関が《いじめ》問題に対する共通認識のもとチームとして各自の機能と役割を果たせるかにかかっている。内藤（2001）は過密飼育的な教育の弊害として《いじめ》を必然だとした。1 クラス 35 名の発達途上の子どもたち一人ひとりと、そこで創発される集団心理・力学を担任教師はじめ教師らが把握できるとは考えにくい。社会が学校の努力次第で《いじめ》を制御可能な現象と認識し、その予防・防止の責任を専ら学校と教育委員会に負わせようとするならば、彼らは社会からの猛烈な批難という罰を回避するために、そもそも《いじめ》の発生を認めない可能性がある。予防・防止の取り組みを不断なく継続することは当然のこと、《いじめ》を現行教育制度の構造上その発生は必然なものとして学校と関係機関のチーム的連携による対応が必要である。

　《いじめ》の介入対象は被害児だけではない。被害児の保護者ならびに加害児とその保護者、そして被害児と加害児とともに学校生活を送る生徒らにまで及ぶ。学校の教職員らでこれらすべての介入対象者への対応には限界があり、学校ごとに地域の関係機関をも巻き込んだ《いじめ》対応に特化した

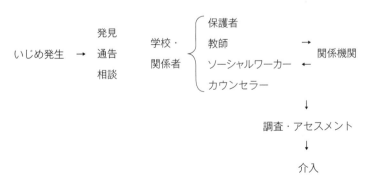

図3　《いじめ》への介入までの流れ

専門チームを設置し、事案発生とともに即応できる体制を整えることが求められる。そのためには、メンバーの専門性に照らしてメンバーの機能・役割をコーディネートするソーシャルワーカーの存在が不可欠であると考える。

Column ▷ 子どもの自殺

2017 年の人口動態統計で、戦後初めて 10 代前半（10〜14 歳）の死亡原因の 1 位が自殺となったことが判明した。これまでの 10 代前半の死因は、悪性新生物〈腫瘍〉と不慮の事故が 1、2 位を占めていた。2018 年、10 代（10〜19 歳）の自殺の動機のうち「いじめ」と「学友との不和」は 29 人（5.1 ％）となっている。学校の人間関係に悩み自殺している子どもよりも家族との不和や葛藤に悩んだ末に自殺する子どもの方が多い。「親子の不和」（45 人）、「他の家族関係の不和」（16 人）、「家族からのしつけ・叱責」（33 人）を合わせると全体の 16.5% を占める。カテゴリー上では「学校問題」に区分されている「入試に関する悩み」や「その他進路に関する悩み」のなかには、親や家族の者との葛藤があったケースを含むはずである。家族にとって、年若い子どもの死ほど受け入れ難いものはないが、ましてその原因が自殺となると、これに向き合うことは相当困難なことである。後悔、自責、懺悔、怒りなどあらゆるネガティブな念の入り混じった思いと、これからの人生への不安を抱えながらも、社会や周囲の偏見と無理解によりそれを吐露する場所を見つけることさえできないことがある。人生の出来事をどのように受け止めるかは、人それぞれが持つ価値観や経験知に支えられる認知の仕方による。「死生観」。それはいつでも変わるし、変えることができる。「生」ばかりをみているとかえって生命の尊さがみえなくなる気がする。「死」がその先にあることを受け入れて「生」をみつめたとき、目の前にいる子ども、その人の尊さが顕わになって、親と子の間にある溝は埋まるのではなかろうか。

注

1　平成 21（ワ）4773　損害賠償請求事件。

2　Durkheim, É.（1895）*Les Règles de la Méthode Sociologique*, F. Alcan（=2018、菊谷和宏訳『社会学的方法の規準（講談社学術文庫）』講談社）.

3　『教育勅語』には、「……一旦緩急アレハ義勇公ニ奉シ以テ天壌無窮ノ皇運ヲ扶翼スヘシ」とあり、「もし、危険や災難が起こった場合には勇気を奮い起こして永遠に続く皇室を守るべきである」（著者訳）とある。

4　内藤朝雄（2001）「いじめの社会理論――その生態学的秩序の生成と解体」柏書房。

5　Espelage, D.L.（2014）Ecological Theory: Preventing Youth Bullying, Aggression, and Victimization. *Theory Into Practice*, 53: 257–264.

6　Bronfenbrenner, U.（1977）Toward an experimental ecology of human development. *American Psychologist*, 32, 513–531.
　　Bronfenbrenner, U., & Evans, G.W.（2000）Developmental science in the 21st century: Emerging questions, theoretical models, research designs and empirical findings. *Social Development*, 9（1）, 115–125.

7　初期条件と境界条件を設定すればそれ以降の推移が決定するような系（システム）であっても、初期条件の僅かな数値的誤差で予測できない結果が生じるような現象を扱う理論である。

8　文部科学省初等中等教育局「児童生徒の問題行動・不登校生徒指導上の諸問題に関する調査」より。

9　発達途上にある子どもたちの間で発生する《いじめ》のきっかけはさまざまである。被害児童／加害児童の年齢、性別、ジェンダー、人種、民族性などの社会人口学的属性（sociodemographic characteristics）や、身体（健康）・心理・社会的特徴が《いじめ》のきっかけになることがある。

10　文部科学省（2018）「平成 29 年度児童生徒の問題行動・不登校等生徒指導上の諸課題に関する調査（10 月速報値）」文部科学省初等中等教育局。

11　警察庁生活安全局（2018）「平成 29 年中における少年の補導及び保護の概況」警察庁。

12　児童相談所、教育委員会、福祉事務所、地域住民、民間支援組織、警察、医療・保健機関、家庭裁判所、保護観察所等が想定される。

●●● 章末問題

問1) 《いじめ》の解明について学校および教育委員会が消極的になる
その背景を説明せよ。

問2) 《いじめ》を発見しにくくしている現代的背景を説明せよ。

問3) スクール・ソーシャルワーカーとスクール・カウンセラーの役割
の違いについて説明せよ。

第7章　介護と暴力

　被告人の妻であるA（以下「被害者」という。）は、長年にわたり関節リウマチ及び腎不全に罹患していたところ、平成25年頃から右肘に埋め込んでいた人工関節の細菌感染による強い痛みに苦しむようになった。被告人は、自身も要支援認定を受けていた中で、家事全般を行うほか、被害者の入浴や痛みの緩和等につき、昼夜を問わない介護を献身的に続けていた。

　そのような中、被害者は、平成29年10月11日頃から、左肘にも強い痛みを訴えてそれまでにないような苦しみ方をするようになった上、医師から治療が困難である旨告げられて、かなり気落ちした様子をみせるようになった。被告人は、負担を増した介護に疲弊の度合いを強めていた中で、同月24日夜になり，被害者から殺害してくれるよう繰り返し求められたため、当初はこれを拒絶していたものの、被害者を楽にさせようとの思いから、被害者の殺害を決意した。

【罪となるべき事実】

　被告人は、被害者（当時79歳）から嘱託を受けて同人の殺害を決意し、平成29年10月24日午後11時頃から同日午後11時20分頃までの間、名古屋市b区c町d丁目e番地のf被告人方において、殺意をもって、被害者の頸部にタオル地のひもを巻いて締め付け、よって、その頃、同所において、同人を頸部圧迫による窒息により死亡さ

‖ せ、もって嘱託を受けて人を殺害した。

【ABCX モデルによる解説】

被告人は治療困難(*a*)な病気を患う妻Aを一人で昼夜を問わず介護(*a*)していた。人工関節の細菌感染症による痛みに加え左肘にも恒常的な痛みに苛まれる A は病気の回復が困難であることを医師に告げられ気落ちする (*a*)。被告人自身も要支援認定を受ける状態にあるものの、介護サービスを利用するなどしなかった。A の希死念慮が日に日に増すなか、被告人には病院の医師 (*b*) しか頼れるところもなく、将来の生活に肯定的な展望を持つことができず (*c*)、A の嘱託を受け A を殺害した (*x*)。

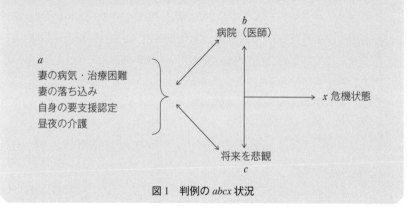

図1　判例の *abcx* 状況

7.1 「介護」という危機

伝統的な拡大家族から核家族への移行は、子どもと高齢者の世話、つまり育児と介護・看護という福祉的機能を奪ってしまった。そして今日、急激な少子高齢化の波が進行するなか、増大する要介護高齢者のケア需要に家族と日本社会は十分に対応できないまま右往左往しているのが現状である。子どもの経済的・社会的自立とともに家族は解体期を迎え、地方出身の子どもの多くが仕事のある都市部へ移動する。もし仮に、親のどちらかが要介護状態

に陥った場合、誰が介護保険制度の利用申請とサービス受給開始までの一連の手続きを担うのか。要介護者を持つことによる内外資源の調整作業は家族の日常を大きく変化させるとともに、この事態への速やかな対処・適応の成否はその後の家族のありようそのものに大きな影響を与えることになる。

7.2　高齢者虐待の定義

児童虐待には身体的虐待、性的虐待、ネグレクト（育児放棄）、心理的虐待の４類型があったが、高齢者虐待にはこれらに経済的虐待を加えた５類型があり、高齢者虐待を養護者による高齢者虐待と養介護施設従事者等による高齢者虐待に分けていることもその特徴である。高齢者虐待および養介護施設従事者等は「高齢者虐待の防止、高齢者の養護者に対する支援等に関する法律」（平成十七年法律第百二十四号）によって規定され、高齢者虐待は、

表 1　加害者別「高齢者虐待」の定義・類型

類　型	定　義
養護者	
身体的虐待	高齢者の身体に外傷が生じ、又は生じるおそれのある暴行を加えること
介護・世話の放棄・放任	高齢者を衰弱させるような著しい減食又は長時間の放置、養護者以外の同居人による虐待行為の放置など、養護を著しく怠ること
心理的虐待	高齢者に対する著しい暴言又は著しく拒絶的な対応その他の高齢者に著しい心理的外傷を与える言動を行うこと
性的虐待	高齢者にわいせつな行為をすること又は高齢者をしてわいせつな行為をさせること
経済的虐待	養護者又は高齢者の親族が当該高齢者の財産を不当に処分することその他当該高齢者から不当に財産上の利益を得ること
養介護施設従事者等	
身体的虐待	養護者によるものと同じ
介護・世話の放棄・放任	高齢者を衰弱させるような著しい減食又は長時間の放置その他の高齢者を養護すべき職務上の義務を著しく怠ること
心理的虐待	養護者によるものと同じ
性的虐待	養護者によるものと同じ
経済的虐待	高齢者の財産を不当に処分することその他当該高齢者から不当に財産上の利益を得ること

「高齢者虐待の防止、高齢者の養護者に対する支援等に関する法律」（平成十七年法律第百二十四号）

老人福祉法（昭和三十八年法律第百三十三号）及び介護保険法（平成九年法律第百二十三号）に規定された者を指す。

7.3　データからみる高齢者虐待[2]

（1）高齢者虐待の認知件数

　養護者（care giver）による高齢者虐待の相談・通報件数およびそのうち虐待と判断された件数はいずれも緩やかに増える傾向にあるといえる（図2）。相談・通報件数は平成 18 年 18,390 件であったものが平成 29 年にはおよそ 1.6 倍の 30,040 件に増加し、虐待判断件数も平成 18 年 12,569 件であったものが平成 29 年にはおよそ 1.4 倍の 17,078 件に増加した。[3]

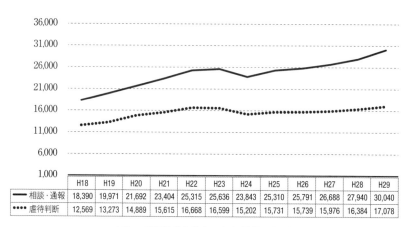

	H18	H19	H20	H21	H22	H23	H24	H25	H26	H27	H28	H29
相談・通報	18,390	19,971	21,692	23,404	25,315	25,636	23,843	25,310	25,791	26,688	27,940	30,040
虐待判断	12,569	13,273	14,889	15,615	16,668	16,599	15,202	15,731	15,739	15,976	16,384	17,078

図 2　「高齢者虐待」の認知件数の推移

（2）誰が虐待するのか

　平成 29 年度の主たる虐待者の割合を表 2 に示す。「息子」の 40.3% が最も多く、「夫」が 21.1%、そして「娘」は 17.4% であった。息子と娘、実子からの虐待はおよそ 6 割近いことになる。なお、被虐待高齢者の家族形態をみる

表2　主たる虐待者

虐待者	夫	妻	息子	娘	嫁	婿	孫
人数	3,943	1,188	7,530	3,251	677	226	666
%	(21.1)	(6.4)	(40.3)	(17.4)	(3.6)	(1.2)	(3.6)

表3　世帯類型別の虐待の割合

	単身世帯	夫婦のみ	未婚子と同居	配偶者と離・死別等した子と同居	子夫婦と同居	その他	不明
世帯数	1,291	3,855	6,257	2,307	2,307	1,498	23
%	(7.4)	(22.0)	(35.7)	(13.2)	(13.2)	(8.5)	(0.1)

　と、未婚の子と同居している被虐待高齢者が35.7%と最も多く、夫婦のみ世帯が22.0%、配偶者と離別・死別等した子と同居している被虐待高齢者が13.2%、子どもの夫婦と同居している被虐待高齢者は13.2%であった（表3）。

　児童虐待の主たる加害者は母親が最も多く、高齢者虐待では主たる加害者は息子と夫である。児童虐待と高齢者虐待で主たる加害者の割合は性別において逆転している。結局のところ主たる加害者は他の家族と比べて突出して長い時間を被害者と過ごしていることを示している。

　伝統的家族においては育児・看護・介護といった福祉機能を担っていたのは母親や息子の配偶者（嫁）であった。実際、1988年には介護者の3割弱を占めていた「子の配偶者（嫁）」は、2017年には1割を下回る。[4]主たる介護者であった「嫁」に代わって登場したのが息子と夫の男性介護者たちである。

（3）虐待の要因

　虐待の要因としては「虐待者の介護疲れ・介護ストレス」（24.2%）が最も多く、続いて「虐待者の障害・疾病」（21.8%）、「被虐待者と虐待者の虐待発生までの人間関係」（14.2%）、「被虐待者の認知症の症状」（13.7%）、「経

済的困窮（経済的問題）」（12.3%）、「虐待者の性格や人格（に基づく言動）」
（11.5%）などの順に多い。

　被虐待高齢者のうち、「要介護認定済み」が 67.0%（11,753 人）で、その
うち「介護サービスを受けている」のは 81.0%（9,522 人）である。しかし
ながら、虐待により死亡した深刻な事例では、「介護サービスを受けている」
のは全体の 35.7% に留まり、「過去も含めてこれまで一度も受けていない」
が 53.6% と最も多く、外からの目が一切入らない状況において虐待が深刻
化することを示している。

7.4　高齢者福祉小史

（1）急激な高齢化

　1947 年から 1949 年にかけ日本の新生児出生数は年間 270 万人超を記録し
た。いわゆる第一次ベビーブームの到来である。高度経済成長期、日本の産
業構造は第一・二次産業から第三次産業へと大きくシフトし、多くの若者が
仕事を求めて都市部に進出し、各地の農村・漁村・鉱山村は過疎化・廃村に
見舞われ、急速に少子高齢化を経験することとなる。その一方で都市部に人
口が集中し、旧来の家族形態としての拡大家族は解体され、両親とその子ど
もで構成される核家族が新たな家族形態として定着していった。

　人口全体のなかで 65 歳以上が占める割合、いわゆる高齢化率は 1950 年当
時 4.9% に過ぎなかった。ところが高齢化社会（aging society）と呼ばれる高
齢化率 7% に達するまでわずかに 20 年ほどしかかかっていない。都市部に
進出した若者たちは、そこで狭小で割高な家屋に高い生活費と教育費に見舞
われ、自分たちの家族を持っても子どもの数を抑制したことによる少子化の
進行が原因の 1 つである。

　第一次ベビーブーム世代の子どもたちによって合計特殊出生率（total
fertility rate）が持ち直す時期（第二次ベビーブーム）もあったが、それ以降
の合計特殊出生率は一貫して減少し続け、1990 年代半ばには 2.00 人を割り
込み、2005 年には最低の 1.26 人を記録した。

　平均寿命が伸長し続ける日本において少子化は高齢化に直接的影響を与える。高齢化社会への突入から僅か 23 年後の 1994 年には高齢化率は 14% を超え、高齢社会（aged society）に、それから 13 年後の 2007 年には高齢化率が 21% を超えて超高齢社会（super-aged society）となった。なお、2018年現在の高齢化率は、27.7% に達している。

（2）福祉六法体制

　急速に進む高齢化に日本はどのように対応してきたのであろうか。先述のとおり、GHQ の強力な指示のもと創設された（旧）生活保護法（1946 年制定）、児童福祉法（1947 年制定）、そして身体障害者福祉法（1949 年制定）の福祉三法体制により、日本は「福祉国家」ともいえる道程を歩みだす。

　1950 年代後半から 1970 年代前半にかけて「東洋の奇跡」と呼ばれる高度経済成長を経験し、豊かな財政力を背景に社会福祉関連政策の拡大的創出に自主的に乗り出し、1960 年に精神薄弱者福祉法（1999 年に知的障害者福祉法に改称）、1963 年に老人福祉法、そして翌 1964 年の母子福祉法（2014 年に母子及び父子並びに寡婦福祉法に改称）と今日の社会福祉政策の中核となる法律を成立させ、先の福祉三法と併せて福祉六法体制を実現した（なお、国民年金、国民健康保険もこの時期に成立している）。

　1973 年には、老人福祉法による老人医療費支給制度が開始し、一定の所得を下回る 70 歳以上の高齢者の医療費を無料にするなど、脆弱化する家庭における高齢者扶養機能を補うための施策が充実した。

（3）介護保険制度創設の背景

　しかしながら、1973 年秋の第四次中東戦争によって引き起こされた第一次オイルショック以降、深刻な不景気に見舞われた日本政府は景気回復のための財政出動を行いその長期化によって財政赤字が増大した。当時、高齢者の医療費無料化は高齢者の通院を高頻度化させるとともに、家族が介護できない要介護高齢者を介護施設の代わりに病院に長期入院させるいわゆる「社

会的入院」が増加し老人医療費が急増した。高騰する老人医療費に対応する
ため 1982 年老人保健法が成立し、高齢者に医療費の一部負担を要請すると
ともに、国民全体で老人医療費を公平に負担するため各医療保険事業者から
拠出金を徴収する仕組みを導入した。

　1989 年政府は、高齢者の在宅・施設福祉について 20 世紀中に実現を図る
べき 10 か年の目標を設定した「高齢者保健福祉推進十か年戦略」(通称、ゴー
ルドプラン) を策定、続く 1990 年には福祉八法改正を行い高齢者福祉にお
ける在宅・施設福祉サービス提供に係る措置権を市町村に移譲し、併せて各
自治体には老人保健福祉計画策定を義務付けた。しかしながら、想定を超え
る急速な高齢化によりゴールドプランでは対応できないと判断した政府は、
1994 年に「高齢者保健福祉推進五か年戦略」(新ゴールドプラン)、1999 年

表 4　高齢者福祉年表・社会情勢・高齢化率の推移

西暦	制度・政策	社会情勢	高齢化率推移 平均寿命
1945 年	太平洋戦争終結	敗戦・占領下	1950 年　4.9%
1946 年	**生活保護法**(1950 年改正)	貧困	男 51　女 54
1947 年	**児童福祉法**	第一次ベビーブーム	
1949 年	**身体障害者福祉法**	1947–49 年　270 万人	
1960 年	**精神薄弱者福祉法**	高度経済成長	1960 年　5.7%
	⇒ 1999 年 知的障害者福祉法	農村から都市へ	男 65　女 70
1961 年	旧国民健康保険法	都市問題	
(58 年)	⇒国民健康保険制度	農村の過疎化	
	国民年金	公害問題 (水俣病等)	
(59 年)	国民皆保険・皆年金制度	拡大家族⇒核家族	
1963 年	**老人福祉法**	貧困高齢者の生活保護、養老院による救済	1965 年　6.3%
1964 年	**母子福祉法** (1981 年母子 及び寡婦福祉法に改称)	⇒介護サービス登場、特別養護老人ホーム、特別=介護付き	
1973 年	老人医療制度⇒	高齢化社会突入	1970 年　7.1%

西暦	制度・政策	社会情勢	高齢化率推移 平均寿命
	老人医療無料化	第二次ベビーブーム 1971–74 年　209 万	
1982 年	老人保健法		1980 年　9.1% 男 74　女 79
1989 年	ゴールドプラン	バブル経済とその崩壊 ※ 1986 年 12 月から 1991 年 2 月 高齢者保健福祉推進十か年戦略	
1990 年	福祉八法改正 老人福祉法改正	「老人福祉法等の一部を改正する法律」(平成 2 年法律 58 号)のことで、社会福祉関係の 8 法を改正したため。 1. 在宅福祉を積極的に推進するため、社会福祉各法に在宅福祉サービスについて規定し、2. 在宅・施設の福祉サービス事務を市町村に一元化し、老人保健福祉計画の策定を地方公共団体に義務づけた	1990 年　12.1%
1993 年	老人保健福祉計画 ⇒自治体地域ごとの介護ニーズを調査		
1994 年	新ゴールドプラン⇒老人保健福祉計画の調査によりプランの不十分さが露呈。計画の見直しを行った	高齢社会突入	1994 年　14% 超 1995 年　14.6% 男 76.3　女 82.5
1999 年	ゴールドプラン 21	1. 介護サービス基盤整備 2. 認知症高齢者支援対策 3. 介護予防(元気高齢者)対策 4. 地域生活支援体制整備 5. 利用者保護と介護サービス提供が契約化されるなかで介護サービスの信頼性の確保を図ること	
2000 年	介護保険制度		
2006 年	介護保険見直し	2007 年問題	2005 年　19.9%
		団塊世代大量一斉退職	男 78.53　4 位
		大学全入	女 85.49　1 位
		人口が増加から減少へ(実際 2005 年)	2015 年　26.7%

には 2000 年から始まる介護保険制度を基軸とした介護サービス基盤整備な
ど盛り込んだ「今後 5 か年間の高齢者保健福祉施策の方向」（ゴールドプラ
ン 21）を策定した。

7.5　介護保険制度

(1)　社会保険方式と契約の導入

　福祉六・八法を根拠に国民に提供される福祉サービスは租税で賄われ、措
置制度によって運用される。要援助者は市町村窓口において申請を行い、行
政は①申請者が福祉サービスを受給する要件を満たしているかを判断、②
サービス提供の開始・廃止を決定、③サービスの内容と量を決定するという
ものである。

　これに対し、介護保険制度の財政は社会保険方式が採用され、サービス提
供においては契約制度が導入された。被保険者は保険料を拠出し、要介護認
定を受けた被保険者は介護サービス事業者と結ぶ契約に基づき介護サービス
を利用するというものである。

(2)　介護サービス受給までの流れ

　介護サービス受給までの流れは 4 つのフェーズで追うと理解しやすい。ま
ず「申請・介護認定」では、①被保険者は要介護状態を自覚した時、介護サー
ビスの給付申請を行う。その後、②市町村職員もしくは介護支援専門員（通
称、ケアマネージャー）による訪問調査、③専門家による介護認定審査会に
よる審査によりどの程度のサービスが必要かについて認定を受ける必要があ
る。要介護度は「自立」に始まり、「要支援 1 と 2」と「要介護 1 から 5」の
8 段階に分類される。

　「ケアプラン・契約」のフェーズでは、④要介護認定を受けた被保険者本
人の必要性と希望、そして要介護度に応じた給付額に基づきどの事業者から
どのようなサービスをどの程度どのくらいの頻度で受けるかを定める介護計

画書（ケアプラン）を市町村もしくは介護支援専門員（ケアマネージャー）により作成される。続いて、⑤ケアプランに指定された介護事業者と被保険者本人が介護サービス受給に係る契約を締結する。

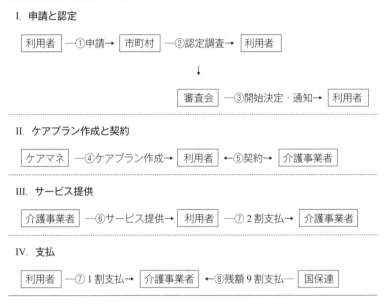

図3　介護サービス利用の流れ

　契約締結後、⑥ケアプランにのっとり介護事業者から被保険者に対して介護サービス提供が開始される。被保険者は、原則サービス利用料の1割を介護事業者に支払い、残りの利用料は国民健康保険団体連合会（国保連）から事業者に支払われる。

8050 問題

2018 年 3 月 5 日北海道新聞に次の記事が掲載された。

> 80 代の親と 50 代の子どもが身を寄せる世帯が社会から孤立してしまう「8050（はちまるごーまる）問題」―。全国で表面化する中、札幌市内のアパートの一室でも 1 月、2 人暮らしの母親（82）と娘（52）とみられる遺体が見つかった。娘は長年引きこもり状態だったという。道警は母親が先に亡くなり、1 人になった娘は誰にも気付かれずに衰弱死したとみている。　　　　　2018.3.5　北海道新聞

　「80」代の親が「50」代の子どもの生活を支えるいわゆる「8050 問題」。その背景にあるのは子どもの「ひきこもり」とその長期化である。1980 年代から 90 年代ひきこもりあるいは NEET（Not in employment, education or training）つまり職業、学業、そして職業訓練のいずれにも就いていないかもしくは就こうとしない若者（15 歳から 34 歳までの者）が問題視された。それからおよそ 30 年が経ち、当時の若者たちが 40 代から 50 代、その親たちが 70 代から 80 代となり、その高齢の親たちが子どもたちの生活を支えているという家庭が相当数あることが見込まれている。2015 年実施の国勢調査によれば、40 代から 50 代で親と同居する未婚者数は 1995 年当時全国で 113 万人だったのに対し、2015 年にはその 3 倍を超える 340 万人にまで増加した。2018 年 3 月内閣府は、「生活状況に関する調査」結果を発表。自宅に半年以上閉じこもっている「ひきこもり」の 40〜64 歳の者が、全国で推計 61 万 3,000 人、そのうち 7 割以上が男性で、ひきこもり期間は 7 年半以上が半数を占めているとした。親と同居する無業者のうち、このようにひきこもりが長期に及んでいる者もいれば、ある日突然、親が要介護状態に陥り、仕事と介護の両立が困難なため、いわゆる介護離職を余儀なくされた者たちも含まれているに違いない。介護離職によって収入は親の年金のみとなるケースもある。親の最後を看取り介護生活が終わっても、中高年の再就職は容易ではない。なかには、親がすでに死亡しているにもかかわらず死亡届を故意に怠り、遺体を放置したまま親の年金で生活を続ける事件も発生している。家族の無縁・孤立が進む今日、ひきこもりにも介護にも社会とのつながりを回復させる多様な支援のあり方が求められる。

注

1　平成 29 年（わ）第 2063 号嘱託殺人被告事件。

2　ここに示すデータの出所はすべて、厚生労働省の『「高齢者虐待の防止、高齢者の養護者に対する支援等に関する法律」に基づく対応状況等に関する調査結果』からである。

3　理由は不明であるが、平成 23 年（西暦 2011 年）から平成 24 年にかけて相談・通報件数と判断件数はともに顕著な減少を示した。東日本大震災を経験した宮城県では平成 22 年度から平成 24 年度にかけて相談通報件数とも減少した。被災地域では避難所生活が虐待の抑制に働いた可能性がある。

4　厚生労働省（1998, 2018）「国民生活基礎調査」より。

5　被保険者は 65 歳以上の第 1 号被保険者と、40 歳から 64 歳までの第 2 号被保険者に分けられる。

6　ただし、一定以上の所得がある者は 2～3 割を支払う。

［参考資料］

総務省（2015）「国勢調査」（https://www.stat.go.jp/data/kokusei/2015/index.html）。

内閣府（2018）「生活状況に関する調査」（https://www8.cao.go.jp/youth/kenkyu/life/h30/pdf-index.html）。

●・●　章末問題

問 1)　主たる虐待者が高齢者虐待と児童虐待で異なる背景を説明せよ。

問 2)　従来の福祉制度と介護保険制度の違いを説明せよ。

問 3)　高齢者虐待の主たる加害者が息子と夫である背景について述べよ。

第8章 障害者への暴力

【認定事実（罪となるべき事実）】

第1　被告人両名は、共謀の上、平成29年4月15日午後6時頃から同日午後6時40分頃までの間、宇都宮市a町b番地c所在の社会福祉法人丙会丁施設内において、同施設の利用者であるA（当時27歳）に対し、それぞれ、その腰部付近を数回足蹴にし、その左肩付近を手拳で毆打するなどの暴行を加え、よって、同人に全治約181日間を要する腹腔内出血、第三腰椎左横突起骨折及び全治約22日間を要する左肩部打撲の傷害を負わせた。

第2　被告人乙は、同年8月23日、栃木県栃木市d町ef番地g所在の社会福祉法人丙会戊研修棟1階食堂において、同施設の入所者であるB（当時57歳）に対し、その顔面を平手打ちした上、床に横たわっていた同人の腰部に膝を押し当て体重をかけるなどの暴行を加えたものである。

【量刑の理由】

1　本件は、障害者施設において、職員であった被告人両名が、指導に従わない重度の知的障害者Aに対し、厳しく注意するうちに感情を高ぶらせ、その背中を蹴ったり踏みつけるなどの強度の暴力をふるって、重傷を負わせたという傷害の事件（判示第1の事実）と、

別の障害者施設において、職員であった被告人乙が、聞こえないふりをして指示に従おうとしない精神障害者Bに対し、床に横たわって動こうとしない同人の腰部に膝を押し当てて体重をかけるなどの暴力をふるったという暴行の事件（判示第2の事実）とからなる事案である。

2　量刑上重大な被害者Aに対する傷害事件を中心に、被告人両名の刑責の重さについて検討する。

［……］動機・経緯についてみると、本件の発端は、重度の知的障害者であって、大声で騒ぐ施設入所者がいると我慢できなくなって当該入所者に暴力をふるう傾向のあった被害者Aが、その日に何度も口で注意されていたにもかかわらず、騒いでいる入所者に再度つかみかかろうとしたことから、被告人両名が、被害者Aを廊下に連れ出し、他の入所者に暴力をふるってはいけない旨説教する中で、被告人乙が、被害者Aの頬を平手打ちしたことに始まる。そして、被告人乙が平手打ちをしたのを見た被告人甲が、この機に被害者Aに暴力をふるって職場に対するイライラを発散させたい気持ちを抑えられなくなり、被告人乙の暴行に加勢する形で、被害者Aの背中を相当な力で蹴るなどの暴行に及び、それにつられて、被告人乙も、自らの暴行の程度をエスカレートさせて、被害者Aの背中を相当な力で蹴るなどの暴行に及んだ。さらにその後、被告人両名は、被害者Aを正座させて様子を見ていたところ、被害者Aが叱られている途中なのにテレビの方を覗きこもうとするので、これに腹を立てて、被害者Aの左肩を手拳で殴打したり、アルコールスプレーを被害者Aの顔面に向けて噴射するなどの暴力をふるった、概ね以上のような経緯であったと認められる。

上記の被害者Aの行動は、同人の障害の特性を理解していない者がこれに接すると、腹を立てることもやむを得ない面があったことは否定できず、本件については、施設入所者の障害の特性についてきちんとした教育を受けていなかった被告人両名が、感情の高ぶりを抑えきれなくなったという面があることは否めない。しかし、被

告人両名は、障害者施設で働く職員であって、入所者の特性を理解し、これを保護すべき立場にあったのであるから、被害者 A の行動が犯行を誘発したことを量刑上大きく考慮するのは相当でない。結局、この点については、「陰湿な弱い者いじめ」と同列に扱うべき事案ではないという限度で、被告人両名に有利に考慮するにとどめるべきものと考えた。

　ところで、本件のような施設内での虐待事案は、力で押さえつけたほうが入所者を管理しやすいという安易な考えを背景に、外部の目が入らない中で、暴力がエスカレートしがちであるという特性があるから、一般予防の見地からも厳しい対処が必要である。

【解説】

　障害者施設において、重度の知的障害のある被害者 A が、施設職員であった被告人の 2 人に身体的暴力を振るわれた事案である。被害者 A は、大声で騒ぐ施設入所者がいると我慢できなくなって当該入所者に暴力をふるう傾向がありこれを制止しようと口頭の注意から、平手打ち、そして相当な力で蹴るなど暴行をエスカレートした。被害者 A は、ほかの施設利用者による騒音があると攻撃性が誘引される。被告人による《口頭注意》で被告人 A の攻撃行動が抑制されないことは被告人両名もすでに知っていたと考えられる。《口頭注意》の効果がないことに欲求不満を感じ暴力行為に至ったと考えられる。

8.1　「障害」と家族の危機

　親が生まれてくる子どもの五体満足を望むことは言うまでもない。子ども本人の人生の質を第一に考える場合はもとより、親自身が自己実現の 1 つの形として、つまり、「なりたい自分になる」ことの 1 つの過程として親になることを望むならば、子どもが健康体であるか否かは彼ら自身の人生の質を左右するものである。そんな夫婦のもとに生まれてきた子どもに障害がある

とき、あるいは健康であった子どもがある日突然、障害を抱えることになった場合には、あらかじめ想定された日常やこれまでの日常は大きくその形を変えることになる。

　障害の先天・後天の別はさておき、人が障害を抱える確率は概ね5%である。夫婦の障害への無知・偏見があれば、それはそのまま彼らを混乱に陥れる。子どもの発達の見通し、就学、就職、そして親なきあとの人生設計など間断なく対処しなければならない課題に突きつけられることになる。夫婦の持つ能力と資源の多寡にもよるが、適切な支援なしには想定外の日常に適応できない家族も存在するのである。

8.2　障害者の定義と障害者への差別を支える思想・理論

　「障害者」の定義は、各法（表1）により互いに補完的なものとなっている。障害者基本法は障害を身体障害、知的障害、精神障害その他の心身の機能の障害の四分類とし、いずれかの障害があるため、「継続的に日常生活又は社会生活に相当な制限を受ける状態にあるもの」としている。なお、知的障害者福祉法は、知的障害者を定義していない。一般的に知的機能は知能検査（Intelligence Quotient Test：IQ Test）により評価され、平均値からおよそ2標準偏差より低い（IQ得点では65〜75を下回る）場合に知的障害の状態にあると診断する。

　平成16年に成立した発達障害者支援法は「発達障害」を「自閉症、アスペルガー症候群その他の広汎性発達障害、学習障害、注意欠陥多動性障害その他これに類する脳機能の障害であってその症状が通常低年齢において発現するものとして政令で定めるもの」とした。

　以上を整理すると、四分類されるいずれかの障害を抱えるために「継続的に日常生活と社会生活に相当な制限を受ける者」が障害者であり、この概念は「生活の制限」に根差した概念であることがわかる。

　このような「障害者」の定義は次のような問いを浮かび上がらせる。心身に何らかの障害を持っていたとしても、日常生活と社会生活に制限がなけれ

表 1 障害者関連法と障害者の定義

法	定義
障害者基本法 S45 法律第 84 号	第二条この法律において「障害者」とは、障害がある者にとって日常生活又は社会生活を営む上で障壁となるような社会における事物、制度、慣行、観念その他一切のものをいう。
障害者自立支援法 H17 法律第 123 号	第四条この法律において「障害者」とは、身体障害者福祉法第四条に規定する身体障害者、知的障害者福祉法にいう知的障害者のうち<u>十八歳以上である者</u>及び精神保健及び精神障害者福祉に関する法律第五条に規定する精神障害者（知的障害者福祉法にいう知的障害者を除く。以下「精神障害者」という。）のうち<u>十八歳以上である者</u>をいう。 2 この法律において「障害児」とは、児童福祉法第四条第二項に規定する障害児及び精神<u>障害者のうち十八歳未満である者</u>をいう。
身体障害者福祉法 S24 法律第 283 号	第四条この法律において、「身体障害者」とは、別表（※）に掲げる身体上の障害がある十八歳以上の者であつて、<u>都道府県知事から身体障害者手帳の交付を受けたもの</u>をいう。 ※別表に定められている障害の種類　①視覚障害、②聴覚又は平衡機能の障害、③音声機能、言語機能又はそしやく機能の障害、④肢体不自由、⑤内部障害
精神保健及び精神障害者福祉に関する法律 S25 法律第 123 号	第五条この法律で「精神障害者」とは、統合失調症、<u>精神作用物質による急性中毒又はその依存症</u>、<u>知的障害</u>、精神病質その他の精神疾患を有する者をいう。
発達障害者支援法 H16 法律第 167 号	第二条この法律において「発達障害」とは、<u>自閉症</u>、<u>アスペルガー症候群</u>その他の広汎性発達障害、<u>学習障害</u>、注意欠陥多動性障害その他これに類する脳機能の障害であってその症状が通常低年齢において発現するものとして政令で定めるものをいう。　2 この法律において「発達障害者」とは、発達障害がある者であって発達障害及び社会的障壁により日常生活又は社会生活に制限を受けるものをいい、「発達障害児」とは、<u>発達障害者のうち十八歳未満のもの</u>をいう。
知的障害者福祉法 S35 法律第 37 号	定義なし。
児童福祉法 S22 法律第 164 号	身体に障害のある児童、知的障害のある児童、精神に障害のある児童、又は治療法が確立していない疾病その他の特殊の疾病（略）のある児童をいう。

注）下線は筆者による。

表2　「生活の制限」と「障害」

生活の制限

		「有」	「無」
障害	「有」	障害者	?$_1$
	「無」	?$_2$	健常者

表3　医学モデルと社会モデルの違い

	医学モデル	社会モデル
制限の原因	個人の特徴	社会の条件不備
制限の解消法	治療、リハビリ	条件の整備

ば「障害者」ではなくなるのかということである。表2の「障害」（横軸）と「生活の制限」（縦軸）では、どちらも「有」は「障害者」、そしてどちらも「無」は「健常者」ということになる。このように、「障害者」が存在する原因が個人の持つ障害なのか生活の制限を生じさせてしまう社会の側にあるのかが不明のままになる。そして、「?$_1$」と「?$_2$」は何者を指すのか。

　障害そもそもの見方は、障害の原因を個人（の特徴）に求める医学モデル（medical model）とすべての人が何の制限もなく自由に生きることができる条件を社会が整えていないことを「障害」ととらえる社会モデル（social model）の2つに大別される。

　2つのモデルの違いは表3に示すとおりである。医学モデルは病気、疾病、障害を持つ個人そのものに「生活の制限」の原因があり、それを解消するためには治療やリハビリにより個人の社会環境への適応能力を高めることで「生活の制限」つまり「障害」を解消しようとする見方である。

　一方、社会モデルは、生活者が直面する制限は社会が生活に必要な条件を整備していないことにその原因があるとする立場である。したがって、「障害」を解消するには、社会は生活者すべてが安寧に生活するための条件を整えることだとしている。

「障害（者）」概念について、世界では日本諸法よりも包括的な内容になっている。1980 年に世界保健機関 WHO は国際障害分類（International Classification of Impairments、Disabilities and Handicaps: ICIDH）を制定し、障害を機能障害（impairment）、能力障害（disability）、社会的不利（handicap）の 3 つに分類した。2001 年には国際生活機能分類（International Classification of Functioning、Disability and Health: ICF）と改められ、ICIDH では障害の負の部分のみ焦点が当てられていた点を修正し、障害のみならず健康という肯定的な部分も含めた健康状態に関わるすべてのことが対象となるように改められた。

　ICIDH が疾病の結果（consequence of disease）に対する障害分類だったのに対し、ICF では健康状態の構成要素（components of health）に対する分類に変更されたのである。ICF には 2 つの部門があり、それぞれは 2 つの構成要素からなる。第 1 部門は「生活機能と障害」で、(a) 心身機能（Body Functions）と身体構造（Body Structures）、(b) 活動（Activities）と参加（Participation）からなる。第 2 部門は「背景因子」で、(c) 環境因子（Environmental Factors）と (d) 個人因子（Personal Factors）からなり健康状態を包括的に理解する枠組みを与えた。

　ここまで「障害」と「障害者」に関する議論が深化した背景には、人類が有史以来一貫して障害者を差別、排斥、抑圧してきたことに対する反省がある。特に、19 世紀後半から 20 世紀にかけて、障害者迫害を支える思想と科学の誕生とその発展、またそれを根拠とした法と政策が多くの国でつくられていった。

(1) 社会ダーウィニズム

　1859 年ダーウィン（Darwin, C.R.）は、『種の起源』（On the Origin of Species）を発表した。生物の遺伝的性質の変異の観察をもとに生物進化を自然選択（natural selection）説に求めたのである。自然選択とは、自然環境においてある生物群のうち生存に有利な遺伝子型をもつ個体が生き残り、最終的に多くの子孫を残すというものである。

　19世紀から20世に初頭にかけて産業革命による技術革新は、自然科学の発展を急加速させていた。その一方、ロンドンをはじめとする英国の大都市では地方から仕事を求める人々の流入により人口が急増し、各地にスラム街が形成された。[5,6]スラムでは、貧困、失業、栄養不良、売買春、犯罪、アルコール・アヘンの蔓延、自殺、環境汚染などのいわゆる都市問題に直面することになる。19世紀末英国で行われた貧困調査——なかでも、ブース（Booth, C. J.）によるロンドン調査とロウントリー（Rowntree, B. S.）のヨーク調査は有名である——はこれらの問題を個人の責任においてではなく、社会が予防・解決しなければならない問題としてとらえ、社会による対策の必要性を認識する契機となった。そんな折に発表された『種の起源』は生物学のみならず社会思想、そして社会（科）学にまで大きな影響を与えることになる。

　スペンサー（Spencer, H.）がダーウィニズム（Darwinism）、いわゆる進化論をどの程度理解していたか不明だが、自然を前提とし、社会を生物になぞらえ、生物学的原理をその根幹に置く社会進化論（Social Darwinism）の着想を得た。[7,8]スペンサーの社会ダーウィニズムの特徴は社会の複雑化である。単細胞生物が多細胞生物へと進化したように、社会も単純なものから複雑なものへと進化するという。

　文明の発展にともない複雑化する「社会状態に適合するためには、人はその野蛮さを捨てるだけではなく、文明生活に必要な能力も獲得しなければならない」という（Spencer 1884＝2017:354）。[9]いわゆる、適者生存である。では、社会状態に適応できない弱者を社会はどう取り扱うべきかについて、彼は「優れた人々が彼らの個人としての能力において、劣った人々に援助を与えることを排したり非難したりするつもりは全くない。劣った人々が増えることを可能にするような仕方でその援助が無差別に与えられると、そこには害がある」と述べる（Spencer 1884＝2017:351）。個人的な慈善活動を認める一方で、福祉国家には反対していた。

　社会ダーウィニズムは西欧社会にさまざまな形で浸透していく。都市で起こっている問題を解消するために、自然科学としてのダーウィニズムにお墨付きをもらった社会ダーウィニズムを盾に各地で社会改革運動が発生した。

その範囲は教育改革のみならず、婦人解放運動、社会主義運動、そして公衆衛生学や優生学にまで及んだ（米本 2000：16）[10]。

　社会ダーウィニズムは時の流れとともに変異していく。19 世紀後半から20 世紀までは個人の問題あるいは個人間の（適者）生存競争が強調されたのに対して、20 世紀からは人種および国家間の闘争を強調するようになり、ひいては植民地主義や帝国主義と結びつくまでになる（北垣 2007：179–180）[11]。

（2）優生学から優生政策へ

　ダーウィン（Darwin, C. R.）の従弟であるゴルトン（Galton, F.）は人類の遺伝的素質を保存・向上させる要因の探求と悪性の遺伝的素質の淘汰・改善をはかることを目的とした優生学（eugenics）を提唱した[12]。彼は、優生学の実践により「全体としての人種は、愚かさや、軽薄さ、興奮しやすさが減り、政治的には現在よりも慎重になるであろう。……優生学の目的は、道理にかなう範囲（reasonably）で用いることのできる最大限の影響力を行使することによって、共同体にとって有用な階級が、〔現在、人口に占めている〕割合以上に、次の世代〔の人口〕へと寄与できるようにすることである」と述べる（Galton 1905＝2005：183）。人間の能力の改善は家畜の品種改良と同じ方法、すなわち、優良な能力を持つ人間を人為的に選択し生殖することで可能になり、ひいては、社会は改善の方向へとおのずと向かうという。そして、より良い社会の実現には国家が、1）優生学の学術的重要性を理解・受容し、2）優生学を実践し、3）優生学を宗教的教義に値するものとして国民意識に取り込む必要があると主張した（Galton 1905＝2005：187）。

　20 世紀初頭、貧困、精神障害、犯罪など反社会的行動に頭を悩ます地域や国々で優生学が受け入れられていく。1907 年にはアメリカ合衆国インディアナ州では施設で生活する精神障害者への断種を認める世界初の断種法が成立し、1923 年までに 32 州（うち 3 州は後に廃止した）で成立した[13]。

　1933 年にはナチスドイツがカリフォルニア州を参考に断種法を成立させる。1939 年には身体および精神障害（児）者の安楽死計画（T4 プログラム）

が開始し、指定医の判断のもと不治とされた身体障害者と精神障害者が収容所に送られ、薬物注射かガス室で殺害された。聖職者らの告発に端を発した国民の反対運動が起こる 1941 年まで継続され、およそ七〜十数万人が殺害された。[14]

　1940 年、日本はナチス断種法に倣い国民優生法を成立させる。国民優生法の第 1 条には「本法ハ悪質ナル遺伝性疾患ノ素質ヲ有スル者ノ増加ヲ防遏スルト共ニ健全ナル素質ヲ有スル者ノ増加ヲ計リ以テ国民素質ノ向上ヲ期スルコトヲ目的トス」と謳い、「悪質なる遺伝性疾患」とは遺伝性精神病、遺伝性精神薄弱、強度かつ悪質なる遺伝性病的性格（つまり、反社会的性格）、強度かつ悪質なる遺伝性身体疾患（つまり、重度の身体障害）、強度なる遺伝性奇形など（第 3 条）のものを優生手術（断種）の対象とした。戦後、国民優生法をその原型として 1948 年に優生保護法、そして 1996 年には母体保護法へと改正された。[15] なお、優生保護法では、遺伝性疾患だけでなくそれ以外の「精神病」や「精神薄弱」を持つ患者とハンセン氏病患者に対する断種が定められた。[16]

（3）功利主義と優生思想の個人化

　功利主義（utilitarianism）の創始者といわれるベンサム（Bentham, J.）は、「自然は人類を苦痛と快楽という二人の主人の支配下に置いた」と述べ、人間の行為の原因は苦痛を回避し、快楽を追求することにあると主張する（Bentham 1781：14）。[17] 行為の結果として得られる苦痛と快楽は功利もしくは効用（utility）であり、それを最大化することが道徳・倫理的であるという。そもそも苦痛（pain）と快楽（pleasure）は身体に及ぶものである。身体構造は人みな同じであるから、身体に及ぶ苦痛と快楽については複数の主体が合意しやすい性質をもっていると考えられる。料理の最中、包丁で指を切ったことのある者は、ほかの誰かが包丁で指を切ればその皮と肉が裂けそこから出血し痛みがともなうことを容易に想像できる。痛みの質は不明でも、痛みの有無は判明し、傷の程度によって痛みと苦痛の大きさを比較検討ができる。このように、ベンサムは苦痛と快楽を、①その強度（intensity）、②その

期間（duration）、③その確実性（certainty）または不確実性（uncertainty）、④その近接性（propinquity）または遠隔性（remoteness）で量的に評価できると考えた。そして、社会の成員一人ひとりの快楽の総和が最大化されることで社会全体の最大幸福（the greatest quantity of happiness）が実現するとしている。

　ミル（Mill, J.S.）は、快楽の推定（つまり、優劣の判断）が量だけに依存するのは馬鹿げているとベンサムを批判し、複数の快楽の普遍的な優劣の判断にはそれぞれの質の違いを考慮すべきであると主張する（Mill 1879：14）[18]。われわれは、人のなかには限られた財を貧しい者に施す者がいることを知っている。ベンサムによれば、財の最大化が取るべき行為となるが、これまでの人生経験から貧しい者に施すという利他行動がどのような快楽をもたらすかを知っている者がいる。彼らの選好は、過去の経験知に依存している。または、食事をとることは身体の健康維持（快楽）には重要であるが、知性を豊かにする教育を受けることによって得られる快楽は人間にとって普遍的な価値を持つものと理解できる。ミルは、精神的快楽と知的快楽を導入し、普遍的な快楽（善）とは何かを検討することで、これまで個人主義的色彩の強かった功利主義の倫理観を社会主義的なものへと昇華させようと試みた。

　功利主義の旗手がベンサムからミルに取って代わるまでにダーウィニズム、社会ダーウィニズム、そして優生学が誕生した。当初、個人の問題あるいは個人間の（適者）生存競争を強調した社会ダーウィニズムが、ほどなくして国家間の闘争を強調するようになったものの、第二次世界大戦以降、欧米では「ナチスドイツ＝優生学」という図式が流布していく。これを機に優生学および優生政策への批判が各国で起こり、断種や強制不妊手術について1998 年の国際刑事裁判所ローマ規程第 7 条において「人道に対する罪」の 1つに規定、2013 年 2 月 1 日の国際連合人権理事会がその非人道性を指摘することとなった。

　優生政策が縮小の一途を辿る一方で、優生思想とその実践は、再び個人レベルで息を吹き返している。特に、出生前診断による結果と中絶の決断はその様相を呈しているといっても過言ではない。次節でも触れるが、2 度の出生前診断で胎児にダウン症あるいは心疾患の疑いがあるとされた女性の96.5% が中絶を選択している。そもそも母体保護法第 14 条に指定医が人工

表 4　胎児と母親の安定マッチング

胎児		母親	1 位	2 位	3 位
a	◀┈┈▶	A	a	—	—
b	◀┈┈▶	B	a	b	—
c	◀┈┈▶	C	a、b、c	—	—

a：健康、b：心肺に病気あり、c：脳に障害あり

　妊娠中絶を実施できるものは、「一　妊娠の継続または分娩が身体的または経済的理由により母体の健康を著しく害するおそれのあるもの」と「二　暴行若しくは脅迫によってまたは抵抗若しくは拒絶することができない間に姦淫されて妊娠したもの」と定めており、胎児の障害は理由にならない。しかしながら、出生前診断により胎児に障害があると判明した場合には、「一」の理由により指定医は人工妊娠中絶を実施しているのである。

　安定結婚問題では、結婚を望む男女それぞれの選好を反映した安定マッチングを見いだすことができた。ただし、安定マッチングは一般的に告白する側よりも、告白される側の選好がより反映されやすい特徴がある。胎児とそれを迎える親は、それぞれ「告白する側」と「告白される側」に置き換えることができる。胎児は受胎先（つまり、告白先）の母親を選べない状況であり、迎える母親は好ましい赤ちゃん像をあらかじめ持っている状態である。何事もなければ、「生まれたい」と「生みたい」という双方のニーズゆえに安定マッチングが成立するはずであるが、胎児の特徴が母親の望む赤ちゃん像と大きく異なれば、母親は「生まない」という選択、すなわち堕胎することができる。

8.3　データからみる障害者への虐待

(1)　障害者数

　厚生労働省によると、心身などに障害がある人の数は推計で約 936 万

6000 人であるという[19]。前回 2013 年の約 787 万 9000 人に比べて、約 149 万人増加したことになる。なお、全人口に占める割合は約 6.2％から約 7.4％に上昇した。

　障害別では、身体障害者は約 436 万人（前回より約 42 万 3000 人増）、知的障害者が約 108 万 2000 人（同じく約 34 万 1000 人増）、精神障害者が約 392 万 4000 人（同じく約 72 万 3000 人増）となっている。

　いずれの障害においても 65 歳以上の高齢者の割合が上昇し、身体障害者の 74％（前回は 69％）、知的障害者が 16％（同 9％）、精神障害者が 38％（同 36％）であった。高齢化の進行はもとより、65～74 歳の者が一定の障害認定を受けることにより、現在加入している医療保険（国民健康保険や健康保険組合、健康保険協会、共済組合等）から脱退し、後期高齢者医療に加入することができる。後期高齢者医療の被保険者は、かかった医療費の 1 割（現役並み所得者は 3 割）の自己負担ですむことから障害認定を受ける人が増えたことも増加要因と考えられる。

(2) 障害児入所施設における虐待

　障害者への虐待に関するデータはほとんどない。冒頭の判例のように刑事事件に発展したものや、民事裁判での損害賠償請求裁判例等の被害者とその家族からの訴えを通じて障害者虐待の一端を知ることができる程度である。障害児虐待については、児童虐待の統計に含まれているはずであるが障害児の割合等が示されることはない（下山田 2019:282）[20]。

　障害者が見えにくい。重度障害者施設の多くが郊外に設置されていることにより、障害者と市民が接する機会は乏しいと言わざるを得ない[21]。児童虐待の認知件数が上昇を続けている背景には、市民の児童虐待への関心の高まり、子どもと接点を持つあらゆる公的機関の目、当事者である子どもからの訴えがある。一方、重度の障害者のなかには自ら声をあげることもできないなか、彼らの日常は郊外の施設か自宅という密室になる。

　下山田（2019）が 2016 年に全国の障害児入所施設と国立病院機構重症心身症障害児者病棟を対象に行った調査によれば、回答のあった 423 施設の全入

所児童数は 9,016 人、そのうち被虐待児は 2,840 人（男子 =1,743、女子 =1,097）でその割合は 31.5% であった。施設種別では、「福・肢体」が 49.2%、「医・自閉」が 42.9%、「知的」が 41.8% であった[22]。

　虐待者について回答（複数回答 N = 1,772）のあったもののうち、実母は最も多く 76.5%（1,355 人）、実父 41.2%（730 人）、継父が 6.7% であった。虐待との関連要因として上位のものは、児童の「疾病・障害」が 53.8% と最も多く、家庭の「経済的不安定」= 39.6%、児童の「問題行動」= 28.6%、養育者の「知能の問題」= 28.1%、「育児負担過大」= 27.9% であった（下山田 2019：284–285）。

　下山田（2019）の調査結果は、疾病・障害により養育が困難な児童の世話を多くの場合母親が担っており、過重な育児負担からくるストレス状況に陥った場合に適切な関わり方を助言・指導されないなかで、子どもを不適切に取り扱う事案が発生しやすいことを示唆するものである。

（3）出生前診断と出産

　2013 年 4 月から 2015 年 12 月までに無侵襲的出生前遺伝学的検査（noninvasive prenatal testing：NIPT）を受けた 27,696 人の内、胎児に異常が見

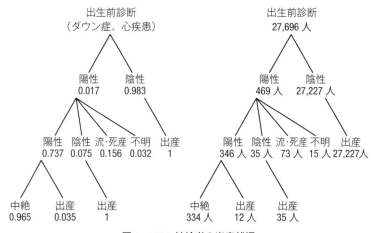

図1　NIPT 被検者の出産状況

られたのは 469 人（1.7%）であった。そのうち、再度検査を受け異常が見つかったのは 346 人（73.7%）。その内 334 人（96.5%）が中絶を受け、12 人（3.5%）が出産した。[23]

8.4　障害者支援の小史

　介護保険制度が施行された 2000 年は、日本の社会福祉の大転換の年であった。従来、日本の社会福祉制度は「公助」の理念に基づき財政は租税により、サービス提供の採否および提供するサービスの中味と量は行政が決定する措置方式をとってきた。介護保険制度は措置方式に代わって「共助」と「自助」の理念に基づき、財政には社会保険方式、サービス提供の採否には要介護認定を根拠とする措置方式だが、受けるサービスの中味と量の決定には利用者本人の自己決定による契約方式を導入したのである。

　障害者福祉も介護保険制度施行から 3 年後の 2003 年には「支援費制度」が施行され、介護保険制度と同様に「利用者本位」をその中心理念に据え、利用者自らがサービスを選択し、事業者との契約に基づきサービス利用する仕組みを導入し、利用者が住み慣れた自宅と地域で生活できるようホームヘルプやデイサービスといった在宅支援の充実が一層図られることになる。周知のとおり、日本の障害者福祉は、戦後成立した福祉六法のうち「身体障害者福祉法」「知的障害者福祉法」「精神保健福祉法」など障害種別に整備されてきた経緯がある。「利用者本位」を謳う支援費制度が誕生するまでには、1970 年の「心身障害者対策基本法」、そして 1993 年「障害者基本法」により障害者支援は障害種別にではなく包括的支援が重要であるという社会認識の成熟が必要であった。

　しかしながら、「支援費制度」の制度設計には主に 3 つの欠陥が含まれていることが制度施行間もなく判明する。まず、地域によって社会資源が異なり、かつその量にばらつきがあること、次に障害種別により求められるサービスの中味と水準と量が異なること、そして何よりも利用者の地域生活支援への潜在的ニーズの需要予測を見誤ってしまったことである。その結果、制

度発足直後から国や地方公共団体は制度運用の財源確保に窮することになる。

　支援費制度が直面した課題を解決するために「障害者自立支援法」が2006年に施行され、①3障害（身体・知的・精神）のサービスを一元化すること、②実施主体を市町村に一元化すること、③「障害程度区分」を給付決定の際に客観的尺度として導入すること、そして④利用者は利用したサービス料の原則1割を負担する「応益負担方式」を導入することとなった。しかしながら、「応益負担方式」は、特に経済力の乏しい当事者とその家族からの強い反発を招き、同法は2010年に改正され、利用者負担について「応益負担方式」から所得に応じた負担「応能負担方式」へと見直すこととなった。[24]

　日本政府の障害者差別解消に向けた取り組みとしては、国連の「障害者の権利に関する条約」の締結に向けた国内法制度の整備の一環として、「全ての国民が、障害の有無によって分け隔てられることなく、相互に人格と個性を尊重し合いながら共生する社会の実現に向け、障害を理由とする差別の解消を推進すること」を目的として、2013年6月に「障害を理由とする差別の解消の推進に関する法律」（いわゆる「障害者差別解消法」）を制定し、同法は2016年4月1日から施行されたことがあげられる。

Column　善と正義

　善（good）と正義（justice）は同義ではない。善には「誰の目から見ても、良いこと」というイメージがあるが、これはプラトン（Plato）のいう「善のイデア」（ἰδέα του ἀγαθοῦ）の影響を強く受けたものである。プラトンによれば、イデアは世界のあらゆる事物の真の実在であり、あらゆる事物はイデアの影でしかない。イデアは、肉体の五感を通じて理解することは不可能であり、唯一、理性によってのみ認識できるという。イデアが存在するイデア界を照らし出すのが最高のイデア、「善のイデア」であるという。「真に正しいこと」、すなわち正義の追求に人類は長い時間を費やしてきたがいまだ結論に至っていない。善はそれを見る側（個人）に依存するし、正義は自分と他者、つまり集団や社会の存続のための just、つまり「ちょうど良い合意」にまつわるものである。功利主義の「最大多数の最大幸福」の議論も正義にまつわるものであるし、ロールズ（Rawls, J.）の自由と機会均等の正義論、リベラリズム（liberalism）、リバタリアニズム（libertarianism）、コミュニタリアニズム（communitarianism）と正義論にはさまざまな立場がある。アンパンマンの生みの親、やなせたかし氏は「飢えた人に食べ物をあげる」ことほど誰から見ても正しいことはないとの発想から、アンパンマンに自らの顔を食べさせることを思いついたそうだ。やなせ氏に異論を唱える者はいないだろうと思う。

注

1　平成 29（わ）第 437 号。

2　IQ の平均値 =100、標準偏差 =10 なので、100 −（2×10）=80。

3　詳しくは、厚労省の次のページを参照されたい。
　（https://www.mhlw.go.jp/houdou/2002/08/h0805-1.html）

4　Darwin, C.R.（1859）*On the Origin of Species by Means of Natural Selection, or the Preservation of Favoured Races in the Struggle for Life*. London, John Murray（＝2009、渡辺政隆訳『種の起源〈上〉〈下〉（光文社古典新訳文庫）』光文社）.

5　川北稔（2018）「世界の工場の玄関口 ——工業化とロンドン民衆の生活」喜安朗・川北稔『大都会の誕生 ——ロンドンとパリの社会史』筑摩学芸文庫、45–104。

6　Wise, S.（2008）*The Blackest Street: The Life and Death of a Victorian Slum.* The Willy Agency（＝2018、栗原泉訳『塗りつぶされた町――ヴィクトリア期のスラムに生きる』紀伊国屋書店）.

7　杉山あかし（1989）「ダーウィニズムと社会進化論 Darwinism and the Theory of Social Evolution」『理論と方法』4（2）、277–292。

8　挾本佳代（2000）『社会システム論と自然――スペンサー社会学の現代性（叢書・現代の社会科学）』法政大学出版会。

9　Spencer, H.（1884）. "The Man versus the State."（＝2017、森村進訳『ハーバート・スペンサーコレクション』筑摩学芸文庫）.

10　米本昌平（2000）「第一章　イギリスからアメリカへ――優生学の起源」米本昌平・松原洋子・勝島次郎・市ノ川康孝『優生学と人間社会』講談社現代新書。

11　北垣徹（2007）「社会ダーウィニズムという思想」『現代思想』37（5）。

12　Galton, F.（1950）*Eugenics: Its Definition, Scope and Aims.* Sociological Papers, 45–50（＝2005、北中淳子・皆吉淳平訳「優生学――その定義、展望、目的」『哲學』三田哲學会、114、181–188）.

13　米本昌平（2000）前掲書。

14　市ノ川康孝（2000）「第二章　ドイツ――優生学はナチズムか？」同上書。

15　「不良な子孫の出生防止」を目的に成立した旧優生保護法により1万6000人を超える"障害者"が不妊手術を強制されたとされ、現在各地で国を相手取り損害賠償を求める訴訟が起きている。

16　そもそも、明治政府は1907（明治40）年、「癩予防に関する件」という法律を制定。癩病患者を療養所に隔離した。ハンセン病は感染力が強いという偏見を社会に広く流布した。1931（昭和6）年には従来の法律を改正し「癩予防法」が成立し、全国に国立療養所を配置し強制隔離によるハンセン病絶滅政策が行われた。1960年時点でハンセン氏病が根治可能であることが判明していたにもかかわらず、1996年まで強制隔離は続いた。

17　Bentham, J.（1781）*An Introduction to the Principles of morals and Legislation*, e-book format version by Batoche Books. "Nature has placed mankind under the governance of two sovereign masters, pain and pleasure."

18　Mill, J.S.（1879）*UTILITARIANISM.* reprinted from 'FRAZER'S MAGAZINE' 7th ed., Longmans, Green, and Company.

19　内閣府（2018）『平成30年版　障害者白書（全体版）』（https://www8.cao.go.jp/shougai/whitepaper/h30hakusho/zenbun/index-w.html）.

20　下山田洋三（2019）「障害児入所施設における非虐待児の実態調査――入所児童および短期入所・日中一時支援利用児童について」『子どもの虐待とネグレクト』20（3）、282–288。

21　優生政策の影響を強く受けた障害者施設施策は「保護」と「隔離」からなる。当然、古い施設は設立時の郊外で運営され、新規施設は近隣住民の反対などにより建設を断

念する事案も発生している。2019 年 5 月、横浜市に開設予定の知的障害者や精神障害
者のグループホームに近隣住民が反対するのは差別にあたるとして、運営会社と入居
予定者の家族が 24 日、市に紛争解決のための相談対応とあっせん申し立てを行った
（日本経済新聞 2019/5/24 19:07 に WEB 版に掲載）。

22　前掲書 283 項。「福・肢体」＝福祉型肢体不自由入所施設、「医・自閉」＝医療型自
閉症児入所施設、「知的」＝福祉型知的障碍児入所施設。

23　Chiba, N.（2016）96.5% of pregnant women who found abnormalities in new prenatal test
aborted. *Mainichi-shinbun*, 2016.8.25..

24　「応益負担」とは、受けるサービス（利益）に応じて課される利用負担である。「応
能負担」とは、世帯収入によって課される利用負担である。

章末問題

問 1）　医学モデルと社会モデルによって異なる障害観の違いを説明せよ。

問 2）　ベンサムとミルの功利主義の違いを説明せよ。

問 3）　優生思想の個人化とは何か説明せよ。

第9章 自殺

被控訴人会社は、控訴人Bに対し、3190万3783円及びこれに対する平成24年6月21日から支払済みまで年5分の割合による金員（ただし、うち27万5000円及びこれに対する同日から支払済みまで同割合による金員の限度で被控訴人Cと連帯して、うち27万5000円及びこれに対する同日から支払済みまで同割合による金員の限度で被控訴人A及び被控訴人Cと連帯して）を支払え。［……］

【事案の概要】

1　本件は、被控訴人会社に勤務していたEの父母である控訴人らが、①被控訴人会社の先輩従業員として、Eに対し指導を行うべき立場にあった被控訴人A及び被控訴人Cは、Eに対し、長期間にわたり、いじめ・パワーハラスメントを繰り返し行った、②被控訴人会社は、上記①の事態を放置した上、十分な引継ぎをすることなくEの配置転換を実施して、Eに過重な業務を担当させた、③上記①、②の結果、Eは、強い心理的負荷を受けてうつ状態に陥り、自殺するに至ったなどと主張して、被控訴人A及び被控訴人Cに対しては、民法709条に基づき、被控訴人会社に対しては、債務不履行（安全配慮義務違反）、民法709条及び同法715条（選択的併合と解される）に基づき、損害賠償金（控訴人Bにおいて3641万3914円、控訴人Dにおいて2820万7660円）及びこれに対する不法行為終了の日である平成24年6月21日（Eの自殺の日）から支払済みまで民法所定の年5分の割合による遅延損害金の連帯支払を求める事案である。

［……］

　被控訴人Ｃが、平成23年秋以降、Ｅに対し、「てめえ。」「あんた、同じミスばかりして。」などと厳しい口調で叱責し、控訴人Ｄから被控訴人会社に対してＥのことで相談の電話があった後もＥのミスがなくならなかったことから、Ｅに対し、「親に出てきてもらうくらいなら、社会人としての自覚を持って自分自身もミスのないようにしっかりしてほしい。」と述べ、本件配置転換後は、Ｅを頻繁にEDP室に呼び出し、被控訴人Ａとともに叱責していたほか、自身でも別途Ｅを叱責していた（本件叱責行為）ことは、不法行為に該当し、［……］、被控訴人会社がこれを制止ないし改善するよう注意・指導をしなかったことは不法行為に該当する。

【解説】

　被害者Ｅは、過重な業務に加え、自身が働く会社の先輩ＡとＣから長期間にわたり、仕事のミスを理由にいじめとパワーハラスメントを受けた結果、うつ病を発症し、自殺に至ったことに対し、Ｅの両親がＡとＣならびにＥの勤め先である会社に損害賠償請求した事案。ＡとＣはＥに対し仕事上のミスについて指導はしたものの、Ｅに対するいじめ・パワハラは否定した。しかし、ＡとＣによるＥへの指導の内容とその執拗さからいじめ・パワハラを認定しこれを放置した会社の責任を認定した。

9.1　家族の自死という危機

　家族の者との死別は、人が経験するストレスのなかでも最も強力なものである。死別によって家族の日常の生活は大きく揺らぐ。そもそも家族の成員には家族の経済・社会・精神の安定において、それぞれ有形無形かつ固有の役割・機能を持っている。愛する配偶者との死別、親にとって未来の希望ともいえる子どもとの死別、あるいは年端もいかない子どもにとっての親の死。誰にとっても死別への対処は中長期的に大きなエネルギーを必要とする

作業になる。

　死別への対処といっても、どのような死別であったかによってその後の対処の難度を左右する。なかでも、死別が自殺（suicide）[2]によるものである場合には、遺族は愛する家族との死別そのものの悲しみに加えて、自分は自殺を止めることができなかったという自責の念と罪悪感に苛まれる。

9.2　自殺の定義と理論

　自殺にまつわる語は複数存在する。心のなかで自らの死を思う「希死念慮」と「自殺念慮」（suicidal ideation or feelings）、自らの身体に傷を負わせる「自損」と「自傷」（self-mutilation）、死のうと企てることを表す「自殺企図」（suicide attempt）、そして、その企ての目的が達成しなかったことを表す「自殺未遂」（failed suicide attempt）などだ。

　これらの語は、自殺にはその意図、計画、そして実行とその成否というプロセスが存在し、そのプロセスは「自」に閉じ込められた実に個人的かつ多様なものという印象をわれわれに与える。もし仮に、臨床の場面で諸々の社会的関係性のなかで生きてきた自殺未遂者らから自殺行為に至るまでの経緯を彼らの口から直接語られるのを聴いたとすれば自殺が如何に個人的なものであるかと納得するに違いない。

　その一方で、分析単位を個人からマクロレベルである国にまで引き上げると自殺率（人口 10 万人当たりの自殺者数）は、国家間に高低差は観察されるものの、日本を含む多くの国で自殺率は時間的に安定して推移しているという事実もある。

　自殺の予防・防止の実現は、遺族、当事者（希死念慮者、自殺未遂者）とその家族、コミュニティ、そして社会全体の目標であり、その実現には自殺現象のメカニズムを明らかにしなければならない。そして、自殺現象の理解にはミクロからマクロに至るまで視点を縦横に動かすこと、つまり、臨床場面からはミクロレベル（個人）の自殺行動のメカニズムの解明、そしてマクロレベルでは国家間の自殺率の差をもたらす社会・経済的要因の特定が必要となる。

（1）シュナイドマンによる「自殺の10の共通点」

　シュナイドマン（Shneidman, E. S.）は、数多くの自殺未遂者、希死念慮者、遺族との関わりを持ってきた医師・研究者である。彼はその豊富な臨床経験とこれまでの自殺に関連する研究に基づき帰納的に「自殺の10の共通点」（Ten Commonalities of Suicide）と題する仮説群を発表している（Shneidman 1996: 129–137）[3]。

　まず、自殺（企図）者は自分のなかで「激しい苦しみを引き起こしている」問題の解決策を探しており、自殺はその《解決策》であるということである。

　目的の背景には、目標が存在するものである。目標とは、目的を達成するために設けた目印であり、自殺者にとっての自殺の目標は、意識の停止であり、自殺者は、心の苦痛を終わらせる唯一の解決方法は《意識の終わり》ととらえている。

　そもそも、自殺の目標・目的の設定は何によって引き起こされるのか。シュナイドマンは、自殺者にとって耐え難い感情・痛み・苦痛、《心理的な痛み》としている。耐え難い《心理的な痛み》は何によってもたらされるのか。彼は、《欲求不満状態の心理的ニーズ》としている。心理的ニーズとは、マズローの5つの基本的欲求のうち所属欲求、承認欲求、自己実現欲求に相当するものを指す。自殺者は、家庭生活、職業生活、事業の行き詰まり、そして病気・障害による既存の関係性や人生の目標の喪失などによって引き起こされた、満たされていない心理的ニーズによって自己破壊（self-destruction）へと駆り立てられるという。

　そのような状態にある自殺者の感情は、《絶望―無力》に陥り、今の状況から救い出されることはないと感じる。死ぬことで解決を望む一方で、彼らは同時に救われることを望んでいる。しかしながら、自殺者の視野は《狭窄》状態にあり、彼らの心は実際には数多ある選択肢を知覚する能力が制限され、生きて苦しみ続けるか死による解決かの二者択一しか見えなくなる。

　視野狭窄状態にある自殺者は、自殺の前に《逃亡》、すなわち今ある苦痛な状況から脱出（しようと）する。家を離れ、仕事を辞め、あらゆる所属先から姿を消す。しかしながら、自殺者は逃亡前にこれから死のうとしている

というその《意図の伝達》を誰かに行うという。つまり、死ぬ意図を示す手掛かり、苦痛の合図、無力感の表出、または介入の懇願を信頼できる限られた者に伝えるのである。

　自殺を困難に直面した時の対処パターンの1つであるととらえるならば、自殺者の過去の問題対処パターン（白黒思考、逃避・回避傾向、自傷等）は、現在の危機にどう対処するかの手掛かりとなる可能性があるという。シュナイドマンは「自殺は、……誰にとっても初めての経験であり、以前の経験を参考にするという手掛かりを……持たない。それにもかかわらず、その人の人生を貫いているある定まった形式が、死に際しても確かに存在する」と主張する（＝Shneidman 1993：220）[4]。

《　》は著者による

> 1. 自殺の一般的な目的は、《解決策》を見出すこと（to seek solution）。
> 2. 自殺の一般的な目標は《意識の停止》である（cessation of consciousness）。
> 3. 自殺の一般的な刺激は《心理的苦痛》（psychological pain）である。
> 4. 自殺の一般的なストレス要因は、《欲求不満状態の心理的ニーズ》（frustrated psychological needs）である。
> 5. 自殺の一般的な感情は、《絶望―無力》（hopelessness-helplessness）である。
> 6. 自殺の一般的な認識状態は《両義性》（ambivalence）である。
> 7. 自殺の一般的な知覚状態は《狭窄》（constriction）である。
> 8. 自殺の一般的な行動は《逃亡》（escape）である。
> 9. 自殺における一般的な対人関係の行為は（死ぬという）《意図の伝達》（communication of intention）である。
> 10. 自殺の一般的なパターンは、生涯にわたって《一貫した対処スタイル》（pattern that is consistent with life-long styles of coping）と一致している。

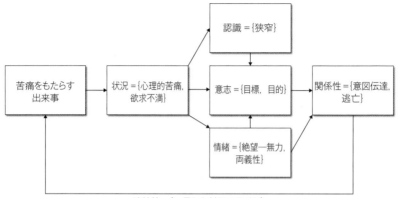

図1 「自殺の 10 の共通点」の領域間の関連

シュナイドマンによる「自殺の 10 の共通点」を「状況」=｛心理的苦痛、欲求不満｝、「意志」=｛目標，目的｝、「情緒」=｛絶望―無力，両義性｝、「認識」=｛狭窄｝、「関係性」=｛意図伝達，逃亡｝、「連続性」=｛一貫した対処スタイル｝の領域別に整理し、それらの関連を図示するならば図 1 のとおりに描ける。

《苦痛をもたらす出来事》[5]に始まり、自殺者に苦しい「状況」がもたらされる。その「状況」（《心理的苦痛》と《欲求不満》）が自殺者の「意志」、「認識」、そして「情緒」に影響し、これら 3 領域の負の状態が、自殺者がこれまで関わりを持った者たちに対する行為、つまり、死ぬことの《意図伝達》と彼らからの《逃亡》を引き出すと解釈できる。

(2) デュルケムの『自殺論』

分析単位を個人というミクロ的対象から国というマクロ的対象へと移し自殺現象をみるとどうなるのであろうか。デュルケムが発表した『自殺論』は、自殺現象を個人の心理・行動的帰結としてではなく、その原因を社会そのものの状態に求めた初めての研究である。[6]デュルケムは自殺率（人口 10 万人当たりの自殺者数）が安定している事実を社会の「統合」と「規制」から説明しようと試みた。彼は、近代化により伝統的共同体が弱体化するにつれ、

共同体に縛られない「自由な個人」の登場とその孤立を問題視していた。近代社会における自由な個人に必要な新しい枠組みは彼らの自発的な連帯と結束であると考えた。そしてそれを可能にする有力な候補として伝統的共同体、宗教、教育、そして国家のいずれでもなく同じ職能の仲間としての職業集団をあげている。

　デュルケムは入手可能なヨーロッパ諸国の自殺率のデータを分析し、自殺を4つに分類している（表1）。まず、「自己本位的自殺」は、社会の成員間の結びつきや連帯感が弱まることにより個人が孤立し、耐え難い孤独感に苛まれる状況によって引き起こされる。例えば、ユダヤ教徒はキリスト教徒よりも連帯感が強く、キリスト教内であってもカトリック教徒はプロテスタント教徒に比べその結束が強いとされる。言い換えればプロテスタントは他の2宗教に比べ個人主義的であるが、デュルケムは自殺率がプロテスタント、カトリック、そしてユダヤ教の順に高いことを例証している。

　「集団本位的自殺」は、社会や集団が成員に対してその価値体系を過度に強いる場合、あるいは、成員らが積極的にこれに従おうとする場合に発生する。宗教集団の集団自殺や戦時の軍隊にみられる自己犠牲的自殺もこれにあたる。

　「アノミー的自殺」は、社会的規範の崩壊にともなって生じる。個人主義が広がると、社会の規範は緩み、成員はより多くの自由を享受するととも

表1　デュルケムの自殺の類型と例証

類型	「統合」or「規制」	自殺率の群間比較、例
I. 自己本位的自殺	統合弱	プロテスタント＞カトリック＞ユダヤ教 未婚者・やもめ・寡婦＞既婚者 平時＞戦時
II. 集団本位的自殺	統合強	宗教有＞宗教無 軍隊＞他集団
III. アノミー的自殺	規制弱	不景気＞平時 急激な経済成長（バブル）＞平時
IV. 宿命的自殺	規制強	奴隷の自殺

に、自らの欲求・欲望を際限なく追求し続けるようになる。しかしながら、欲望の多くは決して満たされることなく、そのことに絶望と無力感を覚えた成員は自殺へと駆り立てられる。経済的不景気が自殺率を押し上げることは広く知られているが、急激な経済成長期（バブル景気）とその直後（バブル崩壊時）には自殺率が上昇することも例証している。

　一方、社会的規範により成員を過度に規制すると生じるのが「宿命的自殺」である。[7]デュルケムによる例証はないが、例えば、強固な身分制度により固定化された社会経済的地位が低い者たちはあらゆる社会資源へのアクセスが制限され自らの欲求・欲望の充足を常に妨げられる状態にある。「無情にも未来を閉ざされた人々のはかる自殺である」（＝Durkheim 2018：461）。

（3）経済学による自殺現象の説明

　主流派経済学が通常前提する自己利益を合理的に計算して追求する人間、すなわち合理的経済人からは、人間の自殺行動を説明することは困難と言わざるを得なかった。経済学は、自らの生命を停止させることが自己利益とは通常考えないからである。自己には不利益になるが集団内の他の個体の利益をもたらす利他行動（altruistic behavior）は、合理的経済人モデルでも説明がつく。社会性動物（social animal）なかには、所属する集団の繁栄・維持のために自らの命を犠牲にするものもあるし、人間においても戦時の兵士、身代わりとして命にかかわる攻撃を受ける者もある。

　しかしながら、精神科医そして心理学者でもあるシュナイドマンは「自殺の一般的な目的は、《解決策》を見出すこと」であり「自殺の一般的な目標は《意識の停止》である」とし、自殺は当事者にとって苦しみからの解放という自己利益としてとらえている。社会学者のデュルケムは、アノミー的自殺の例証に急激な経済成長と経済危機をあげている。[8]彼は、経済成長・危機といった社会的要因に端を発する危機から、人々の生活、関係性そして心理にまで言及し自殺現象の解明を試みた。経済学は自殺をどこまで解明しているのであろうか。

　Hamermesh と Soss（1974）は、個人の生涯効用（lifetime utility）の期待値

（expected value）が、ある閾値（threshold）を下回る場合に人は自殺することがあると主張する。[9]つまり、経済的困窮が人を自殺に追い込むことがあるというのだ。

澤田ら（2013）が行った諸外国の文献展望によれば「1人当たり所得」「所得不平等（ジニ係数）」「失業率」の経済変数と自殺率の間に相関関係が見いだされてはいるものの頑健さに欠けると報告している。[10]なお、ここでいう頑健性の欠如とは、経済変数と失業率の間に正負の相関関係がともに見いだされたケースがあることを指している。

自殺現象解明のアプローチには、それが前提とする人間観に大きく左右される。経済学が前提とする合理的経済人には、シュナイドマンやデュルケムらの人間観に備わる苦悩する人間、希望を持つ人間、信念を持つ人間といった曖昧かつ複雑で奥行きある視点が乏しいと言わざるを得ない。自殺現象の理解には、学術領域間の横断的な情報交換とそれらを統合する作業が必要である。

9.3　データからみる日本の自死

毎年、警察庁によって公表される自殺者数とは、警察庁が当該期間に把握することができたいわゆる認知件数である。ある人物の死亡原因が実際には自殺によるものであったとしても、ケースによっては死因が自殺によるものなのか、事故によるものなのか、あるいは他殺によるものなのか判明しない場合もある。われわれは実際のところ、自殺で何人の人々が亡くなっているのかを正確に知ることはできない。

1996年から2016年までの自殺者数の推移を図2に示した。回帰直線（点線）を評価する限り自殺者数は減少傾向にあるといえるが、1998年から2011年までの間、自殺者数は14年連続で3万人を超えて推移した。なお、1980年代の自殺者数はおよそ25,000人以下であった。つまり、1998年から2011年の間、自殺者数は増加したと考えられ、この時期の日本社会で何が起こっていたかを整理することは重要である。

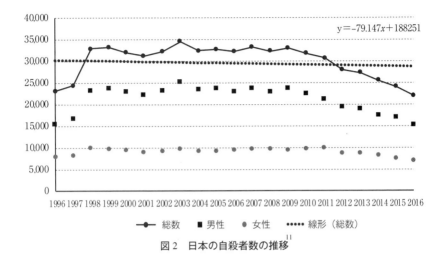

図2　日本の自殺者数の推移[11]

　1970年から2010年までの日本、OECD加盟国の平均、そして韓国の自殺死亡率（10万人当たりの自殺者数）を図3に示した。[11] 1970年から2010年までの日本の自殺死亡率（10万人当たりの自殺者数）の平均値は21.06で、比較的に安定して推移していることがわかる。ただし、注意したいのは、自殺死亡率が1986年にピークを迎えた以降、1997年まで一貫して減少傾向であったことが見てとれる。しかしながら、その翌年の1998年（この年から14年続けて自殺者数が3万人を超える）から、自殺死亡率は急激に伸びている。

　1997年といえば、消費税率が3％から5％に引き上げられた年でもある。なお、1997年度の消費税収は4兆円増えたものの、消費の落ち込みによる景気の腰折れが深刻化し、最終的に所得税収と法人税収を合わせても6兆5000億円の減収となった。完全失業率は、1997年当時3.4％であったのに対し、翌1998年には0.7ポイント伸び4.1％に達した。なお、今日の日本経済のデフレーションはこの時に始まったとする見方もできる。

　ここで、日本の自殺死亡率が平均値21.06の一様分布に従う（つまり、自殺死亡率が一定）と仮定し、1970年から2010年までの自殺死亡率の変動が一様か否かを検討すると、1970年から2010年までの自殺死亡率の推移は変

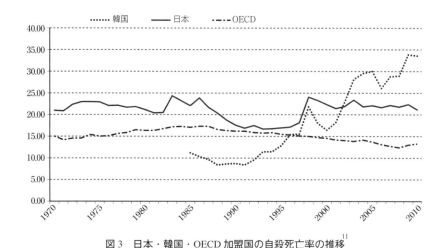

図 3　日本・韓国・OECD 加盟国の自殺死亡率の推移[11]

動しているとはいえないことがわかっている。つまり、日本の自殺死亡率は41 年間、安定して推移しており、日本の自殺は必ずしも増えているとはいえない。

　他方、韓国の自殺死亡率（平均値 =18.35）は 1985 年から日本より低く推移してきたが、2002 年には日本を抜き、それ以降も右肩上がりに上昇傾向を示している。日本の自殺死亡率と同様の統計学的な検討を行うと、自殺死亡率は一貫して上昇を続けている。2010 年に至っては、日本の自殺死亡率が 21.20 であるのに対し、韓国は 33.50 と深刻な事態に至っている。

（1）日本の自殺の特徴──自殺の原因・動機と年齢階級別比較

　日本における自殺現象は安定的に生起することが示された。ここからは、自殺の原因と動機について概観したい。まず、昭和 53 年から平成 24 年までの自殺について自殺の原因・動機別の内訳を積み上げ面グラフに示した（図4）。自殺の原因・動機が不明な「不詳」[12]を除くと、すべての年で「健康問題」が 1 位を占め、「経済・生活問題」と「家族問題」が 2 位と 3 位を占めている。
　ただし、「家族問題」が一貫して 10％で推移している一方で、「経済・生

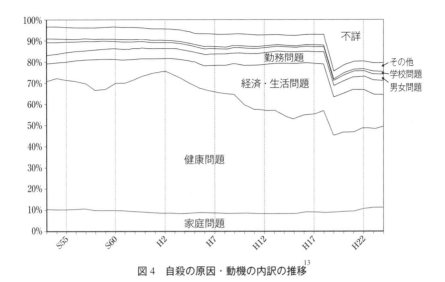

図4　自殺の原因・動機の内訳の推移[13]

活問題」の変動は景気に大きく左右されることがうかがえる。昭和53年から平成2年まで、いわゆるバブル景気前後は10％前後で推移していたものの、バブル経済崩壊後から平成15年には全体の25.8％を占めまで上昇を続け、それ以降は多少安定したものの依然20％前後で高止まりしている状態が続いている。

　次に、年齢階級別に自殺死亡率を見てみよう。図5に年齢階級別に1998年の自殺死亡率を100とし、1998年以前とそれ以降の自殺死亡率の推移を示した。

　自殺者数が初めて3万人を超えた1998年以降、60歳以上の自殺死亡率は減少傾向、10歳代（〜19歳）および40歳代（40〜49歳）は安定的に推移していることがわかる。その一方で、20歳代（20〜29歳）と30歳代（30〜39歳）については、2001年までは減少傾向を示してはいるものの、それ以降上昇を続けて現在に至っている。20歳代は特に深刻で、1998年比で130.2％にまで増加した。

　平成21年における年齢階級別（5歳階級）の主な死因の構成割合を図6に示した。ここで注目してほしいのは、20歳代の全死亡率のおよそ半分を

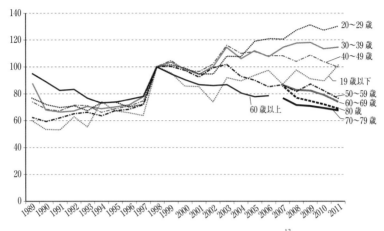

図 5　年齢階級別にみた自殺死亡率の推移[13]

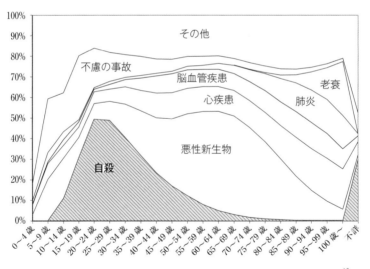

図 6　平成 21 年における年齢階級別（5 歳階級）の主な死因の構成割合[13]

自殺が占めていることである。同年に得られたデータの比較はできないが、日本の若者（15〜34 歳）の自殺死亡は先進 7 か国のなかで最も高いとする報告もある。[13]

　日本の自殺死亡率は安定的に推移していると述べた。しかし、その実態は

中高齢者の自殺死亡率は減少している一方で、若年層の自殺率が上昇していることによるものである。20 歳代 (20〜29 歳) および 30 歳代 (30〜39 歳) の自殺の原因・動機の第 1 位は「健康問題」であるが、いずれも「経済・生活問題」と「勤務問題」を合わせると 30％を超えている。

　15〜34 歳までの完全失業率は 1975 年からバブル経済崩壊前 (1990 年〜1992 年頃) まで 4％前後で推移していたが、それ以降は上昇に転じ自殺者数が初めて 3 万人を超えた 1998 年までには完全失業率は 5％へ上昇した後、リーマンショックの起こった 2008 年末までには 8％台へと大きく上昇した。詳細は割愛するが、15〜34 歳までの完全失業率は 1970 年以降一貫してその他の年代より高く推移してきたのである[14] (図 7)。

　その背景として、既存雇用者を守るために若者への労働市場の門戸の開閉幅が不当に調整されてきたと筆者は考える。労働流動性の低い日本社会では、然るべき時機に正規雇用の職に就くことが、安定した社会経済生活を営むうえで重要な条件の 1 つといえるが、バブル経済崩壊時に就職氷河期を経験した団塊ジュニア以降の若者が置かれた状況は大変厳しいものとなった。

　正規雇用のパイは小さくなる一方で、多くの若者が非正規雇用の職に就かざるを得なくなった。見通される生涯賃金は下落の一途を辿り、若者の人生設計はこれまでの就職・結婚・家族計画のようには描きにくくなっている。

図 7　15〜34 歳までの完全失業率の推移[14]

　2010 年の「国勢調査」によると、25〜39 歳の未婚率は男女ともに上昇している。生涯未婚率については 30 年前と比べて、男性は 2.60 ％（1980 年）から 20.14 ％（2010 年）、女性は 4.45 ％（1980 年）から 10.61 ％（2010 年）へ上昇した。[15] 日本の若者は、職業人として社会に参与する機会、そして、人生の拠り所となる家庭を持つ機会を失いつつあるといえる。

9.4　自殺の予防・介入・事後介入

　自殺による損失は計り知れない。自死遺族の生活と人生を大きく揺さぶるのみならず、自殺（あるいは、その後の対応）の場面にさまざまなかたちで関わることになった人々への影響、故人による社会経済的貢献の喪失とその範囲と規模は容易に測れるものではない。
　何より、自殺を個人の自由な意思に基づく行為ではなく、成員の生命と生活を守るという社会の基本的機能の喪失の結果、追い込まれたことによる死と認識するならば自殺予防・介入・事後介入は持続可能な社会の実現に向けた必要な取り組みである。

（1）自殺の予防 ──プリベンション

　人が発信する自殺の危険を示すサインに気づき、その人を必要な支援につなげ、見守ることができる人のことをゲートキーパー（gate keeper）、訳せば「命の門番」と呼ばれる。世界保健機関（World Health Organization：WHO）を始め多くの国で共有される概念であり、市民一人ひとりが日常生活の関係性のなかでその役割を担うことができるならば、自殺を未然に防ぐことができるかもしれない。
　高橋祥友（2014：55）は、10 の自殺のリスク要因（risk factors）をあげている（表2）。人が機微な個人情報[16]（①自殺未遂歴、②精神障害の既往、③サポートの不足、⑥喪失体験、⑧他者の死の影響、⑩児童虐待）を他者に開示するのはその相手に厚い信頼を寄せているからである。支援に結びつける

表 2　自殺のリスクとアセスメントの内容[17]

リスク要因	アセスメント内容
①自殺未遂歴	最も重要な危険因子（未遂の状況、方法、意図、周囲からの反応などを検討）。未遂歴はないか。
②精神障害の既往	気分障害（うつ病）、統合失調症、パーソナリティ障害、アルコール依存症、薬物乱用はないか。
③サポートの不足	未婚、離婚、配偶者との死別や職場で孤立していないか。
④性別	自殺既遂者：男＞女 自殺未遂者：女＞男
⑤年齢	年齢が高くなるとともに自殺率も上昇する。
⑥喪失体験	経済的損失、地位の失墜、病気や怪我、業績不振、予想外の失敗の経験はないか。
⑦性格	未熟・依存的、衝動的、極端な完全主義、孤立・抑うつ的、反社会的な傾向はないか。
⑧他者の死の影響	精神的に重要なつながりのあった人が突然不幸な形で死亡していないか。
⑨事故傾性	事故を防ぐのに必要な措置を不注意にも取らない、慢性疾患への予防や医学的な助言を無視していないか。
⑩児童虐待	小児期の心理的・身体的・性的虐待の経験はないか。

ほどの信頼関係を構築するには時間がかかるが、それまでの間に観察を通じて得られる重要な情報もある。

　④性別[18]と⑤年齢は通常の関わりのなかで知り得ることが多い。学校や職場で見知った人々に対して、⑦性格と⑨事故傾性は日頃の言動を観察することで危険を察知することができる。交わした会話の内容、休憩時間の過ごし方、仕事・作業の進め方、身なり、表情など直接尋ねなくとも入手できる情報は数多ある。

　これらの情報から自殺リスクが高いと判断できる場合には、声掛け、話を聴くという段階に入るわけであるが、十分な信頼関係が構築されていない場合などは、ゲートキーパーが専門家（学校ではソーシャルワーカーや臨床心理士、職場では産業医等）に相談するべきである。ゲートキーパーが自殺リスクのある人を専門家につなげるという機能と役割を果たすためには、その人物とゲートキーパー自身の環境内にある利用可能な社会資源をどれだけ網

羅しそれらを実際に活用できるかによって異なる。

(2)　介入——インターベンション

　自殺企図者が病院に搬送された場合、病院では心身両面の治療はもとより、①入院中・退院後の定期的な面接、②自殺企図者の身体・心理・社会面に関する情報の収集、③退院後の精神科治療受療・継続の勧奨と精神科医とプライマリ・ケア医の連携の手配（精神科治療中断者には、精神科再受療の勧奨）、④自殺企図者の個別性に配慮した社会資源の手配、が行われる。自殺企図者は、一度は諦めた人生を生きなおす難しさに直面する。「生きなおし」そのものが再び危機として立ち現れることもある。人によってはこれからの人生で起こるさまざまな出来事をこれまでとは異なる見方・受け止め方でとらえる必要がある者もいるであろう。彼らの生活再建には間違いなく見守りが必要であるし、これを踏まえた退院後の社会資源の手配には、医療・保健・福祉への偏りのないアクセスが重要である[19]。それは、本人のみならず彼らを見守る家族、友人、同僚らにとっても同様である。

(3)　事後介入——ポストベンション

　事後介入（postvention）[20]は Shniedman（1971）による造語であり、自殺が生じた場合に、遺された人々に及ぼす心理社会的な負の影響を可能な限り抑制するための対応を意味する。自死遺族、友人、そして同僚など故人と強いつながりを持っていた人々にとって、自殺による別れは病死や事故死によるそれよりも深刻な影響を及ぼすことがある。

　ポストベンションの対象は、故人の年齢、性別、社会的立場によって変わる。例えば、故人が子どもの場合には、遺族はもとより同級生とその家族が主たるターゲットとなるし、職業人であれば故人が仕事を通じて関係性を築いた同僚らもその対象になる。「友だちの自殺」は、人の死への理解が十分に深まっていない発達途上の子どもたちに、驚愕、疑問、自責、不安、怒り、恐怖、そして二次的トラウマ（secondary trauma）を引き起こすことが

ある。ポストベンションでは、ハイリスク者の特定と緊急支援、個別・集団別へのアプローチを念頭に置いた心身両面のケア、そして故人のいない新しい環境に適応することを支援する。

　Wooden（2018）は、悲嘆（grieving）には、①喪失の現実を受け入れること（To accept the reality of loss）、②痛みと悲嘆そのものに向き合うこと（To work through the pain and grief）、③新たな環境に適応すること（To adjust a new environment）、④これからの人生において故人との永続するつながりを見つけること（To find and enduring connection with the deceased while moving forward with life）、以上4つの課題（tasks）があるとしている[21]。これらの課題を認識し、取り組むことは遺族ら当事者自身では困難である。関係機関・団体による利用可能な社会資源に関する情報提供の強化、ならびに、ゲートキーパーら身近な支援者と専門家らによるチームアプローチによるポストベンションの拡充が急がれる。

Column　宗教は自殺をどうみているか？

　旧約聖書の出エジプト記 20 章 13 節には「殺してはならない。」とあり、その対象範囲には自らも含まれると考えるユダヤ教とキリスト教は、自殺を「罪」と断じてきた。土（アダマ）で神に似せて形づくられ、神にその息を吹き込まれて生きる者となったアダムとそこから生まれた子孫である人間は、神から与えられた生命を神の意志から離れて勝手に終わらせてはならないと説くのである。

　一方、仏教の基本的教義を端的に表しているとされる般若心経の語、「色即是空」（訳：この世のものすべて（色）は、因・縁からできているだけであって、実体を持たない（空））は、自分を含むすべてのものは虚構の存在であり、その虚構からの脱出（解脱）を悟りによって達成せよと誘う。ただし、解脱は死によってもたらせるわけではない。ある者が虚構の世界での苦しみを終わらせるために自殺しても本質的な問題解決にはならないと仏教は説くのである。

　宗教は、それを必要とする人がその人生において困難に直面した時、その先の道筋を希望という光で照らしだすという重要な役割を果たす。しかし、その宗教がある意味、究極的な苦しみの解決策として自殺を選択した者たちを罪人と断罪するならば、遺族をはじめ遺された人々は故人とのつながり、そして「救い」をどこに求めればよいのであろう。聖職者らの自殺への態度はさまざまである。原理主義者は自殺を決して容認することはない。その一方で、自殺の予防・介入・事後介入に宗教家だからこそ果たせる役割があると自覚し、宗教・宗派を超え自殺企図・未遂者や自死遺族らの悲しみと答えのでない問いに寄り添う宗教家団体も存在している。

注

1　平成 29 年（ネ）第 216 号、同第 439 号、同第 482 号、同第 489 号　損害賠償請求控訴、同附帯控訴事件（原審・名古屋地方裁判所平成 26 年（ワ）第 1109 号）。

2　全国自死遺族総合支援センターは、『「自死・自殺」の表現に関するガイドライン〜「言い換え」ではなく丁寧な「使い分け」を〜』を発表し、(1) 行為を表現するときは「自殺」を使う、(2) 多くの自殺は「追い込まれた末の死」として、プロセスで起きて

いることを理解し、「自殺した」ではなく「自殺で亡くなった」と表現する、(3) 遺族
や遺児に関する表現は「自死」を使うとしている (www.izoku-center.or.jp/images/
guideline.pdf)。

3　Shneidman, E.S. (1996) *The Suicidal Mind*. Oxford Univ. Press. 130–137.

4　Shneidman (1985) *Definition of Suicide*. John Willy and Sons Inc., New York (＝1993、
　　白井徳満・白井幸子訳『自殺とは何か』誠信書房).

5　《心理的苦痛》と《欲求不満》は何らかの出来事、ストレッサーによって引き起こさ
　　れる。領域間の関連を時間的順序に従って理解するため著者が追懐したものである。

6　Durkheim, É. (1897) *Le Suicide*. Félix Alcan, Paris (＝2018、宮島喬訳『自殺論』中公
　　文庫).

7　デュルケムはこの「宿命的自殺」について歴史的意義を認めつつも自殺の類型には
　　含めていない。

8　詳細は『自殺論』pp. 292–300 を参照のこと。

9　Hamermesh, D.S. & Soss, N.M. (1974) Economic Theory of Suicide. *Journal of Political
　　Economy*, 82 (1), 83–98.

10　澤田康幸・上田路子・松林哲也 (2013)『自殺のない社会へ ——経済学・政治学か
　　らのエビデンスに基づくアプローチ』有斐閣.

11　OECD Factbook 2013: Economic, Environmental and Social Statistics 掲載のデータより
　　筆者が作成した。韓国の自殺率は 1985 年以降のデータのみが入手可能となっている。

12　自殺が疑われる死亡事案が発生した場合、警察はその事件性の有無、およびその死
　　亡原因を死亡現場にて確認することになる。警察は医師に立ち会いを求め、死体検案
　　書を作成する。役所への死亡に係る手続き・提出書類（例えば、死亡届や火葬手続き
　　など）作成のためにこの死体検案書が必要とされ、医師には速やかな死亡原因の判定
　　が求められるが、死亡原因の判断ができない場合には、「不詳の外因死」などとして処
　　理される。

13　内閣府 (2013)『平成 25 年版　自殺対策白書』。

14　総務省統計局 (2013)「労働力調査 長期時系列データ」。
　　http://www.stat.go.jp/data/roudou/longtime/03roudou.htm.

15　総務省統計局 (2010)「平成 22 年国勢調査」。
　　http://www.stat.go.jp/data/kokusei/2010/index.htm.

16　自殺未遂歴のある者に関わった専門家(医師、精神保健福祉士、心理士、看護師等)
　　ら機微な個人情報をすでに入手しており、再発防止のために間断ない支援を提供する
　　必要がある。

17　高橋祥友 (2014)『第 3 版 自殺の危険 ——臨床的評価と危機介入』55 項を一部加筆
　　修正した。

18　セクシャルマイノリティの人々を容貌から判断することは困難である。セクシャリ
　　ティに関する自己開示は当事者にとって重大な作業である。尊敬の込められた丁寧な
　　コミュニケーションの積み上げによる信頼関係の構築が必要である。

19　2008 年に策定された「自殺対策基本法」と 2009 年に創設された「地域自殺対策緊急強化基金」の趣旨に基づき、地方自治体は相談支援事業（対面型および電話型）、人材育成事業、普及啓発事業を実施している。自治体独自に自死遺族の支援事業やハイリスク者に対する支援等を行っている場合もある。

20　Shneidman, E.（1971）Prevention, intervention and postvention. *Annals of Internal Medicine*, 75, 453–8.

21　Worden, J.W.（2018）*Grief Counseling and Grief Therapy: A Handbook for the Mental Health Practitioner.* 5th Edition. Springer Publishing Company.

●●● 章末問題

問 1）シュナイドマンの「自殺の目的」とは何か説明しなさい。

問 2）デュルケムの社会的事実とは何か説明せよ。

問 3）日本の自殺の特徴について説明せよ。

補章 統計解析の基礎

A.1 確率と確率変数

1章でみたように社会科学において社会調査は社会科学で最も用いられるリサーチデザインである。特に量的調査は統計的調査とも呼ばれ、4つの水準の尺度によって収集された量的データは統計解析によって分析されることがほとんどである。統計解析の理解にはまず、確率の基礎、確率分布、記述統計、推測統計を理解し、そこから統計的検定へと段階的に学ぶ必要がある。ここでは、数多ある統計解析のなかから、母平均の差の検定、χ^2 分布を用いた適合度の検定と独立性の検定、相関分析、単回帰分析までを学ぶ。

(1) 変数

変数とは、未知あるいは不定の数値、もしくは記号を数値化したものを指す（なお、**変数**の反対は、円周率 π などの**定数**である）。不定の数値といわれてもピンとこないので、測定対象（この世界にある、小さいものから大きいものまですべての物）のある時点の特徴・状態を数値で表したものとする。例えば、**測定対象**を人とした場合、身長、体重、年齢、収入、教育年数等は不定の数値としての**変数**と考えられる。性別を表す「男性」と「女性」を記号と考え、「男性」＝1「女性」＝0 と数値に置き換えれば、これも**変数**とみなすことができる。

分野によって取り扱う**変数**はさまざまである。物理学では、エネルギー、力、距離、位置、速度、加速度、経済学では、株価、GDP、失業率、金

利、医学では、血圧、血糖値、白・赤血球の数等々、枚挙にいとまがない。

　さて、変数について科学は大きく2つの問いを持っている。1つ目は、ある**変数**のある時点の数値は、どのようにしてその値になるのかという問いである。この問いは、世界はどのようになっているのかを明らかにしたい科学の目的を集約しているといえる。ある年の太陽の活動量の変化、ある日の株価の変化、あるいはある朝計った血圧はなぜそのような数値になったのか。そのメカニズムが明らかになれば、われわれはこの世界について**説明**したり、**予測**したりできるようになる。

　2つ目は、ある**変数**のある時点の数値は、どれくらいの確率（probability）で現れるのかという問いである。例えば、性別は「男性」＝1「女性」＝0と数値化することで、変数とみなせるが、これから生まれてくる赤ちゃんの性別は、それぞれどれくらいの**確率**で現れるのであろうか。われわれは、直感的に男の子が生まれる**確率**と女の子が生まれる**確率**がほぼ半々と**経験的**そして**統計的**に**相対頻度**を求めることでそれを知っている。

　身長についても考えてみる。平均身長あたりの出現確率は高く、平均身長よりかなり高い身長やかなり低い身長は出現確率が低いということもわれわれは知っている。このように、ある**変数**のある数値が現れる**確率**を知ることも科学にとっては重要な作業である。

根源事象	サイコロ	確率変数 X
⚀	⇔	$1 (=x_1)$
⚁	⇔	$2 (=x_2)$
⚂	⇔	$3 (=x_3)$
⚃	⇔	$4 (=x_4)$
⚄	⇔	$5 (=x_5)$
⚅	⇔	$6 (=x_6)$

根源事象	コイン	確率変数 X:「表が出る回数」
「裏」が出る	⇔	$0 (=x_1)$
「表」が出る	⇔	$1 (=x_2)$

図1　確率変数の例　サイコロを1回振る場合とコインを1回投げる場合

(2) 確率

確率とは、「ある事柄が起こる確からしさ」といえる。事柄では、やや抽象的かもしれない。**事柄**を**事象**（event）として、起こったり起きなかったりするものと考える。例えば、歪みがないコインを 1 回投げることを考える。投げたコインの目が「表」になる**確率** P(表) = 1/2 とあらかじめわかる。一方、「裏」になる**確率**は 1 − P(表) = 1/2 である。

やや硬めに言うと**確率**とは、ある**事象**が**標本空間** Ω の各事象 E_i に対し、次の 3 つの条件を満たすような実数 P(E_i) が対応させられることができる時、その値 P(E_i) を事象 E_i の起こる**確率**ということができる。そして、各事象 E_i に対して確率が与えられる**標本空間** Ω を**確率空間**と呼び、各事象を**確率事象**という。では、3 つの条件とは何であろうか。

1 つ目の条件は、ある事象 E_i に対して、

$$0 \leqq P(E_i) \leqq 1$$

という条件を満たしていないといけない。例えば、サイコロの目「⠢」が出る確率 P(⠢) = 1/6 であるので、上の条件を満たしている。

2 つ目の条件は、すべての事象の確率を足し合せると、

$$P(\Omega) = 1$$
$$空集合 \phi の確率 P(\phi) = 0$$

という条件である。例えば、サイコロの出目すべて { ⚀ ⚁ ⚂ ⚃ ⚄ ⚅ } の確率を足し合せた確率は、

$$P(\Omega) = \frac{1}{6} + \frac{1}{6} + \frac{1}{6} + \frac{1}{6} + \frac{1}{6} + \frac{1}{6} = 1$$

となる。

3 つ目の条件は、事象 A と事象 B が互いに**排反**、すなわち A∩B = ϕ ならば、

$$P(A \cap B) = P(A) + P(B)$$

と計算できる（ただし、A∩B ≠ ϕ の場合には、P(A∪B) = P(A) + P(B) − P

（A∩B）となる）。例えば、事象 A を「奇数の目が出る」事象 B を「偶数の目が出る」として、A∩B（A かつ B）＝ϕ となり、

$$P(A\cap B)=0$$

である。つまり AB が背反である時、A∪B（A または B）の確率は、

$$P(A\cup B)=\frac{1}{2}+\frac{1}{2}=1$$

となる。

(3) 確率変数と確率分布関数（1）——離散型変数の場合

確率変数 X が x_i(i=1,2,…n) となる確率を P$(X=x_i)=p_i$ と表す。そして、X のとる値で確率 $P(X)$ が決まるので、確率は関数として

$$f(X)=\begin{cases} p_i & (X=x_i \text{ のとき}) \\ 0\,(\text{その他の }x\text{ のとき}) \end{cases}$$

と書ける。この $f(X)$ を確率（密度）関数と呼ぶ。例えば、偏りのないサイコロの場合には、

$$f(X)=\begin{cases} \dfrac{1}{6}\left(X=\{1,2,3,4,5,6\}\text{のとき}\right) \\ 0\left(X\neq\{1,2,3,4,5,6\}\text{のとき}\right) \end{cases}$$

となる。そして、確率の総和は必ず 1 になるから、

$$F(x)=\sum_{i=1}^{n}f(x_i)=f(x_1)+f(x_2)+...f(x_n)=1$$

と書ける。$F(x)$ を分布関数あるいは累積密度関数と呼ぶ。また、分布関数 $F(x)$ は、図のとおり x について減少することのない階段状の関数である。さらに分布関数には、

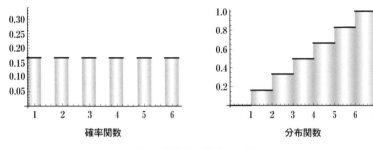

図2　離散的一様分布の例

$$F(\infty) = 1, \ F(-\infty) = 0$$

$$P(\alpha < x \leqq \beta) = F(\beta) - F(\alpha) = \textstyle\sum_{\alpha < x_i \leqq \beta}^{n} f(x_i)$$

という性質がある。

（4）確率変数と確率分布関数（2）——連続型変数の場合

確率変数には、$X = x$ （$\alpha \leqq x \leqq \beta$）となる、つまり x の値が $\alpha \leq x \leq \beta$ の範囲を自由にとれるようなものがある（例えば、長さや重さなど比率尺度で測定される変数など）。離散的確率変数の時と同様に確率を求めるとなると、

$$P(X = x) = \frac{1}{\infty} = 0$$

となり困ったことになる。でも、線分の長さの比として確率を考えて、$P(\alpha \leq x \leq \beta) = 1$ となる。例えば、確率変数 $X = x$ （$0 \leq x \leq 3$）とすると、

$$P(1 \leq x \leq 2) = \frac{1}{3}$$

と求めることができる。

$$P(1 \leq x \leq 2) = \frac{1}{3}$$

を図で示す。

図3　線分の長さの比として確率

線分の長さの代わりに、面積の割合を確率として考えることもできる。そうすると積分を利用できるので勝手が良くなりそうである。

確率変数 $X = x$（$0 \leq x \leq 3$）とすると、

$$P(1 \leq x \leq 2) = \int_1^2 \frac{1}{3} x d = \frac{1}{3}$$

と求まる。

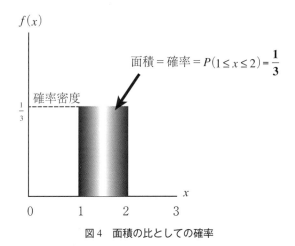

図4　面積の比としての確率

これは**連続一様分布**の例である。確率密度関数は、

$$f(x) = \begin{cases} \dfrac{1}{3} & (0 \leqq x \leqq 3) \\ 0 & (x < 0, 3 < x) \end{cases}$$

となる。なお、確率の和は必ず1であるから、x について $0 \leqq x \leqq 3$ の範囲で面積＝確率を求めると1になる。

$$\int_0^3 \frac{1}{3} dx = 1$$

分布関数と確率密度関数には、

$$f(x) = \frac{dF(x)}{dx}$$

という関係がある。

$$F(x) = \int_{-\infty}^{x} f(t) dt$$

と書ける。区間を場合分けして分布関数を求めてみる。

① $x < 0$

$$F(x) = \int_{-\infty}^{x} f(t) \ dt = \int_{-\infty}^{0} f(t) \ dt = 0$$

② $0 \leqq x \leqq 3$

$$F(x) = \int_{-\infty}^{0} 0 \ dt + \int_{0}^{3} \frac{1}{3} \ dt = 0 + \left[\frac{1}{3} t \right]_0^x = \frac{1}{3}(x - 0) = \frac{1}{3}x$$

③ $x \leqq 3$

$$F(x) = \int_{-\infty}^{0} 0 \ dt + \int_{0}^{3} \frac{1}{3} dt + \int_{3}^{x} 0 \ dt = 1$$

よって**分布関数 $F(x)$** は、

$$\{Fx\} \begin{cases} 0 (x < 0) \\ \dfrac{1}{3}x \quad (0 \leqq x \leqq 3) \\ 0 (x > 0) \end{cases}$$

となる。これを**分布関数**あるいは**累積密度関数**と呼ぶ。

A.2　確率分布

（1）離散型確率分布 ——二項分布

　根元事象が2つしかない**試行**を考える。例えば、歪みのないコインを1回投げるという試行である。ここでは、**確率変数** X を「表が出る回数」とする。すると、根元事象は表0回の場合と表が1回の場合しかありません。**確率変数** X **の標本空間** $\Omega = \{0, 1\}$ となる。コインには歪みがないと仮定するので**確率**はそれぞれ $P(0) = 1/2$ と $P(1) = 1/2$ である。すべての確率 $\Sigma P_i = P(0) + P(1) = 1/2 + 1/2 = 1$ となる。樹形図、場合分けと変数、そして分布図を示す。確率変数 X の頻度は、$\{裏\} \Rightarrow x_1 = \{0\}$ は1個、$\{表\} \Rightarrow x_2 = \{1\}$ は1個となる。

　次に、コインを2回投げる場合を考える。**確率変数** X **の標本空間** $\Omega = \{0, 1, 1, 2\}$ となる。**確率変数** X **の頻度は**、$\{裏, 裏\} \Rightarrow x_1 = \{0\}$ は1個、$\{表, 裏\}$ or $\{裏, 表\} \Rightarrow x_2 = \{1\}$ は2個、$\{表, 表\} \Rightarrow x_3 = \{2\}$ は1個となる。

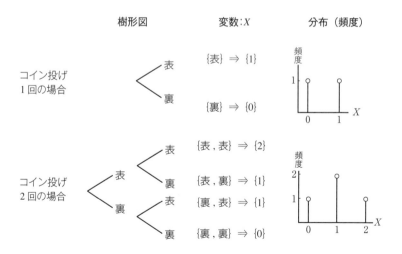

図5　コイン投げの結果の場合分けの例

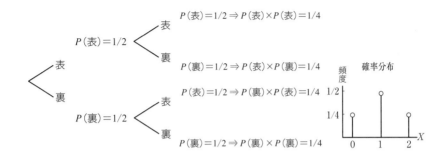

$$\{ 表 , 表 \} \Rightarrow x_3 = \{2\}$$

$$\{ 表 , 裏 \} \Rightarrow x_2 = \{1\}$$

$$\{ 裏 , 表 \} \Rightarrow x_2 = \{1\}$$

$$\{ 裏 , 裏 \} \Rightarrow x_1 = \{0\}$$

確率変数 X の頻度は：

x_1 は 1 個、x_2 は 2 個、x_3 は 1 個

図6　コイン投げ2回の場合の二項分布の例

　試行回数 n が 3 回、4 回、あるいは 100 回と増えても、樹形図を描いて場合分けを行い、**確率変数 X** の実現値の頻度を数え上げれば確率分布を知ることができる。しかし、この方法では手間がかかる。高校で習った組み合わせ $_nC_x$ を利用すれば、**二項分布**の計算は手間を省ける。二項分布の確率密度関数は次式の形をしている。

$$f(X) = \left[\begin{array}{c} n \\ x \end{array} \right] p^x (1-p)^{n-x}$$

$\left[\begin{array}{c} n \\ x \end{array} \right]$ は $_nC_x$ と同じである（国際的には $\left[\begin{array}{c} n \\ x \end{array} \right]$ の表記が一般的である）。p は注目する事象の出現確率である。コイン投げでは「表」が出る確率 P（表）である。$(1-p)$ は「裏」が出る確率 P（裏）である。コイン投げの試行数 n

を2回の場合について、この確率関数を使って計算してみる。**確率変数 X** の**標本空間 Ω** = $\{x_1, x_2, x_3\}$ = $\{0, 1, 2\}$ である。コインは歪みのないまともなコインと仮定すると、コインを投げた時「表」が出る確率 P（表）= 1/2、「裏」が出る確率 P（裏）= (1−1/2) =1/2 である。

$$f(0) = \begin{bmatrix} 2 \\ 0 \end{bmatrix}\frac{1}{2}^{0}\left(1-\frac{1}{2}\right)^{2-0} = 1 \times 1 \times \frac{1}{4} = \frac{1}{4}$$

$$f(1) = \begin{bmatrix} 2 \\ 1 \end{bmatrix}\frac{1}{2}^{1}\left(1-\frac{1}{2}\right)^{2-1} = 2 \times \frac{1}{2} \times \frac{1}{2} = \frac{1}{2}$$

$$f(2) = \begin{bmatrix} 2 \\ 2 \end{bmatrix}\frac{1}{2}^{2}\left(1-\frac{1}{2}\right)^{2-2} = 2 \times \frac{1}{4} \times 1 = \frac{1}{4}$$

期待値 u、分散 σ^2、標準偏差 σ はそれぞれ、

$$u = \sum_{x=0}^{n} xf(x) = np = 2 \times \frac{1}{2} = 1$$

$$\sigma^2 = np(1-p) = 2 \times \frac{1}{2} \times (1-\frac{1}{2}) = \frac{1}{2}$$

$$\sigma = \sqrt{np(1-p)} = \sqrt{\frac{1}{2}}$$

のとおり計算できる。

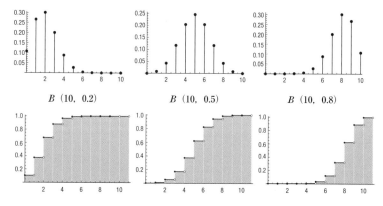

図7 二項分布の確率（密度）関数と確率分布と累積分布関数のグラフ

(2) 連続型確率分布 ――正規分布

実はこの**二項分布**、n が極大（∞）の時、**正規分布**に限りなく近似することがわかっている。$n=100$、$p=0.5$ の**二項分布**を図 8a に、平均値 $\mu=50$、分散 $\sigma^2=25$ の**正規分布**を図 8b に描いたので比較してみてほしい。n が極大（∞）の時、無限に点が打たれることを想像すれば、二項分布は平均値を中心とした左右対称の分布になることが見て取れる。

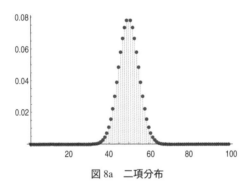

図 8a　二項分布

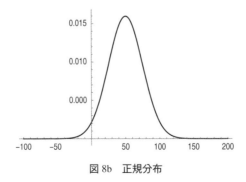

図 8b　正規分布

連続型確率変数 $X = x \, (-\infty \leqq x \leqq \infty)$ となる分布で最も重要なのが正規分布である。確率密度関数 $f(x)$ は、

$$f(x) = \frac{1}{\sqrt{2\pi}\sigma} e^{-\frac{(x-\mu)^2}{2\sigma^2}}$$

なお、

$$P(-\infty \leqq X \leqq \infty) = 1$$

つまり、

$$\int_{-\infty}^{\infty} f(x) dx = \int_{-\infty}^{\infty} \frac{1}{\sqrt{2\pi}\sigma} e^{-\frac{(x-\mu)^2}{2\sigma^2}} dx = 1$$

X が $-\infty \leqq X \leqq \infty$ の範囲をとる時の面積（確率とみなす）が 1 になる。

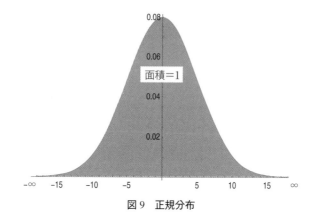

図 9　正規分布

　なお、μ は母平均、σ は標準偏差である。連続型確率変数 X を $\mu = 0$、$\sigma = 1$ に標準化（Z 得点化）した場合の分布を標準正規分布と呼び、確率密度関数は、

$$f(x) = \frac{1}{\sqrt{2\pi}} e^{-\frac{z^2}{2}}$$

$$P(-\infty \leqq z \leqq \infty) = 1$$

$$\int_{-\infty}^{\infty} f(z)\,dz = \int_{-\infty}^{\infty} \frac{1}{\sqrt{2\pi}} e^{-\frac{z^2}{2}}\,dz = 1$$

正規分布には次の特徴がある。

まず、①平均 μ を中心にして，左右対称である。つまり、平均値と中央値は一致する。そして、平均値より大きい値あるいは小さい値を取る確率はどちらも 1/2 である。次に、②曲線は平均値 μ の近傍で高く、両側に行くにしたがって単調に低くなっている。3 番目の特徴は、③標準偏差 σ が曲線の形を決める。σ が大きければ曲線は扁平になる。最後に、④確率変数 X は、0.95（95％）の確率で $\mu-1.96\sigma$ と $\mu+1.96\sigma$ の間の値を取り、0.99（99％）の確率で $\mu-2.57\sigma$ と $\mu+2.57\sigma$ の間の値を取る。

A.3　統計的推測

確率変数 X がどのような**確率分布**に従っているかを知ることは大変重要である。**二項分布**では n と P がわかれば、**確率変数 X** がある値 x_i を取った時の確率 $P(x_i)$ は計算が可能である。連続型の**確率変数 X** の場合でも、それが従う**確率分布**がわかれば、**確率変数 X** が a から b の区間を取る時の確率 $P(a \leq X \leq b)$ が求まる。

社会科学で扱う**確率変数**の多くが**正規分布**に従うと仮定することが多い。正規分布の**確率密度関数** $f(x)$ は、

$$f(x) = \frac{1}{\sqrt{2\pi}\sigma} e^{-\frac{(x-\mu)^2}{2\sigma^2}}$$

であった。関数の左側の分母 $\sqrt{2\pi}$ は定数なので、この関数の形は、母平均 μ と母分散 σ^2 で決まることがわかる。つまり、母集団の母平均 μ と母分散

σ^2 を標本から推定できれば、**確率変数 X の確率**が求まる。母平均 μ と母分散 σ^2 の推定には、不偏推定法と最尤推定法が最も利用されている。

母平均 μ の不偏推定量 $\bar{X}$

$$\mu = \bar{X} = \frac{1}{n}\sum_{i=1}^{n} x_i$$

母分散 σ^2 の不偏推定量 S^2

$$\sigma^2 = S^2 = \frac{1}{n-1}\sum_{i=1}^{n}(x_i - \bar{X})^2$$

一方、最尤推定法では、母平均 μ の最尤推定量 $\tilde{\mu}$ は、

$$\mu = \tilde{\mu} = \frac{1}{n}\sum_{i=1}^{n} x_i$$

で求まる。そして、母分散 σ^2 の最尤推定量 $\tilde{\sigma}^2$ は、

$$\sigma^2 = \tilde{\sigma}^2 = \frac{1}{n}\sum_{i=1}^{n}(x_i - \bar{X})^2$$

次に、**確率変数 X** が正規分布に従うと仮定し、そのパラメータ（μ と σ^2）を推定できれば、**確率変数 X の区間推定**を行うことができるはずである。推測統計学では、**有意水準 α** を設定しこれに従い**確率変数 X の区間推定**を行う。例えば、**有意水準 $\alpha = .05$（5%）**とした場合、**確率変数 X の95% 信頼区間**を求める。なお、**α ＋ 信頼区間の確率＝1** となる。**有意水準 $\alpha = .01$**（1%）とした場合には、**確率変数 X の99% 信頼区間**を求める。

$(1-\alpha) \times 100\%$ 信頼区間とは、真の μ が **$(1-\alpha) \times 100\%$** の確率で存在する区間を指す。別の言い方をすれば、**確率変数 X** が取りうる値の **$(1-\alpha) \times 100\%$** が収まる区間といえる。よって、有意水準 **$\alpha = .05$（5%）**のとき95% **信頼区間**は、データの95% が収まる区間を示すことになる。

(1) 母平均 μ の Z 推定（母分散 σ^2 が既知で $n>100$ のとき）

母分散 σ^2 が既知の場合の母平均 μ の信頼区間の求め方を示す。まず、**有意水準 α** を設定する。標本平均 $\bar{X}$ を求め、標準正規分布表（付表 1　211頁参照）から

$$Z\left(\frac{\alpha}{2}\right)$$

を確認する。

表 1　母分散 σ^2 が既知の場合の母平均 μ の信頼区間の求め方

手順	実際
有意水準（確率）α を決める	$\alpha = 0.05\ or\ 0.01$
標本数を確認する	n
標本平均を計算する	$\mu = \bar{X} = \dfrac{\sum\limits_{i=1}^{n} x_i}{n}$
母分散を確認する	$\sigma^2 = \dfrac{\sum\limits_{i=1}^{n}(x_i - \mu)^2}{n}$　※すでに知られている。
Z 値確認する $Z\left(\dfrac{\alpha}{2}\right)$	標準正規分布表（付表 1　211頁参照）から $Z\left(\dfrac{\alpha}{2}\right)$
信頼区間の不等式を求める	$\bar{X} - Z\left(\dfrac{\alpha}{2}\right) \times \sqrt{\dfrac{\sigma^2}{n}} \leq \mu \leq \bar{X} + Z\left(\dfrac{\alpha}{2}\right) \times \sqrt{\dfrac{\sigma^2}{n}}$
図に描いてみる	$\dfrac{\alpha}{2}$　　　　μの信頼区間　　　　$\dfrac{\alpha}{2}$ $\bar{X} - Z\left(\dfrac{\alpha}{2}\right) \times \sqrt{S^2}$　　　　$\bar{X} - Z\left(\dfrac{\alpha}{2}\right) \times \sqrt{S^2}$

例題） TOEIC の日本人受験者 100 人にそのスコアを尋ねたところ、平均点は 570 点であった。受験者全体の母分散は 172^2 と公表されている。母平均 μ の 95％信頼区間を求めよ。

解答）

表 2　例題の母平均 μ の 95％信頼区間

手　順
$\alpha = 0.05$ とする。
$n = 100$ 人が TOEIC を受験
$$\mu = \bar{X} = \frac{\sum_{i=1}^{n} x_i}{n} = 570$$
$$\sqrt{\sigma^2} = \sqrt{\frac{\sum_{i=1}^{n}(x_i - \mu)^2}{N}} = 172 \qquad ※ 既知である。$$
標準正規分布布表（付表 1　211 頁参照）から $$Z\left(\frac{\alpha}{2}\right) = 1.96$$
$570 - 1.96 \times (172) \leq \mu \leq 570 + 1.96 \times (172)$

(2) 母平均 μ の t 推定（母分散 σ^2 が不明で $n<100$ のとき）

　確率変数 X が正規分布に従うことが仮定され、確率変数 X の標本平均 $\bar{X}$ を確率変数とみなした場合、標本平均 $\bar{X}$ を標本標準誤差 S_x で標準化した t 値は自由度 $= n-1$ の t 分布に従う。t 値は、

$$t = \frac{\bar{X} - \mu}{\sqrt{\dfrac{S^2}{n}}} = \frac{\bar{X} - \mu}{\dfrac{S}{\sqrt{n}}} = \frac{\sqrt{n}(\bar{X} - \mu)}{S}$$

で求まる。**t分布**は正規分布と同じく左右対称の分布である。自由度の関わりなく **t値**の確率 $P(-\infty \leq t \leq \infty) = 1$ となる。しかしながら、確率密度は自由度に依存しており、例えば、$a \leq t \leq b$ の確率は、自由度が大きくなるにつれ $p(-\infty \leq t \leq \infty)$ は小さくなっていく。**t値**の確率は、**t分布表**（付表2　212頁参照）で確認できる。

　母平均 μ および**母分散** σ^2 がいずれも未知の場合の母平均 μ の信頼区間の求め方を示す。まず、**有意水準** α を設定する。**標本数** n、**自由度**（$n-1$）を確認し、**標本平均** $\bar{X}$、**標本標準誤差** S_x を求め、t 分布表から

$$t\left(\frac{\alpha}{2}\right)$$

を確認し、

$$\bar{X} - t_{n-1}\left(\frac{\alpha}{2}\right) \times \sqrt{\frac{S^2}{n}} \leq \mu \leq \bar{X} + t_{n-1}\left(\frac{\alpha}{2}\right) \times \sqrt{\frac{S^2}{n}}$$

を求めれば**母平均** μ の（**1-α**）×100％ **信頼区間推定**は終わりである。

表3　t 分布による母平均の区間推定

手順	実際
有意水準（確率）α を決める	$\alpha = 0.05 \backslash \text{ or} \backslash \ 0.01$
標本数を確認する	n
標本平均を計算する	$\bar{X} = \dfrac{\sum_{i=1}^{n} x_i}{n}$
標本分散を計算する	$S^2_{\ x} = \dfrac{\sum_{i=1}^{n}(x_i - \bar{X})^2}{n-1}$
t 値を確認する $t_{n-1}\left(\dfrac{\alpha}{2}\right)$ $n-1$ は自由度	t 分布表（付表2　212頁参照）から $t_{n-1}\left(\dfrac{\alpha}{2}\right)$
信頼区間の不等式を求める	$\bar{X} - t_{n-1}\left(\dfrac{\alpha}{2}\right) \times \sqrt{\dfrac{S^2}{n}} \leq \mu \leq \bar{X} + t_{n-1}\left(\dfrac{\alpha}{2}\right) \times \sqrt{\dfrac{S^2}{n}}$
図に描いてみる	

さて、ここから話をやや先取りし統計的検定にまつわる話をする。(**1−α**) **×100％信頼区間**は、確率変数 **X** のとる値としては通常であり、それ以外の値を異常値として取り扱う。TOEIC の例題では、232.88 点から 907.12 点を取ることは驚くべき事態ではないと考え、233 点や 908 点は異常に低い点数と高い点数であり、統計学的に偶然に現れたとは考えにくい点数ととらえる。

図10　「通常」と「異常」のイメージ

　国籍が不明なある人物の TOEIC の点数は 990 点である。この人物の点数は、日本人受験者 100 人から推定された **95% 信頼区間**から大きく外れている。さて、この人物を日本人と考えるのは妥当か。統計的検定では、**帰無仮説 H_0** と**対立仮説 H_a** を設定してこの問いに答えようとする。

$$H_0 : \mu = 990$$
$$H_a : \mu \neq 990 \ (\mu > 990 \text{ or } \mu < 990)$$

　数式だとややわかり難いかもしれないが、要するに H_0「日本人の TOEIC の点数の平均値と TOEIC の点数 990 点は、同じである（差がない）。」、H_a「日本人の TOEIC の点数の平均値と TOEIC の点数 990 点は、異なる（差があり、それは低い場合と高い場合がある）。」を意味している。

(3) 母分散 σ^2 の区間推定

　確率変数 X が正規分布に従うことが仮定できる場合の**母分散 σ^2** の区間推定には、**偏差平方和 SS** を母分散で割って算出される **χ^2 値**が**自由度 $= n-1$** の χ^2 分布に従うという性質を利用する。偏差平方和 SS は非負であるので χ^2 値も同様に非負である。**正規分布**および **t 分布**は中心を境に左右対象であるが、χ^2 分布は右側に裾を引いている（ただし、自由度が高くなるにつれ左右対称の形に近づいてくる）。

　χ^2 値は、

$$\chi^2 = \chi^2_{n-1} = \frac{(n-1)S^2}{\sigma^2} = \frac{SS}{\sigma^2}$$

で求まる。**χ^2 値**は 0 以上の値を取りその全確率 $P(0 \leq \chi^2 \leq \infty) = 1$ となる。しかしながら、確率密度は自由度に依存しており、自由度の異なる同値の **χ^2 値**の確率は異なる。χ^2 値の確率は、**χ^2 分布表**（付表 2　212 頁参照）で確認できる。

　母平均 μ および**母分散 σ^2** がいずれも未知の場合の**母平均 μ** の信頼区間の求め方を示す。まず、**有意水準 α** を設定する。**標本数 n、自由度 $(n-1)$**

を確認し、**標本平均**$\overline{X}$、**偏差平方和** SS **を求め、**χ^2**分布表**から

$$\chi^2_{n-1}\left(\frac{\alpha}{2}\right)$$

を確認し、

$$\frac{SS}{\chi^2(df,\ \alpha)} < \sigma^2 < \frac{SS}{\chi^2(df,\ 1-\alpha)}$$

を求めれば**母分散** σ^2 の **（1−α）×100%** 信頼区間推定は終わりである。

表4 母分散 σ^2 の区間推定の手順

手順	実際
有意水準（確率）α を決める	$\alpha = 0.05\backslash$ or $\backslash\ 0.01$ （5%あるいは1%）
標本数と自由度を確認する	n 自由度 $df = n-1$
標本平均を計算する	$\overline{X} = \dfrac{\sum_{i=1}^{n} x_i}{n}$
偏差平方和と標本分散 を計算する	偏差平方和 $SS = \displaystyle\sum_{i=1}^{n}\left(x_i - \overline{X}\right)^2$ 標本分散 $S^2 = \dfrac{\Sigma_{i=1}^{n}(x_i - \overline{X})^2}{n-1}$
χ^2 値を確認する $n-1$ は自由度	χ^2 分布表（付表2　212頁参照）から $\chi^2_{n-1}\left(\dfrac{\alpha}{2}\right)$ および $\chi^2_{n-1}\left(1-\dfrac{\alpha}{2}\right)$ を求める ※なお、$\chi^2_{n-1} = \dfrac{(n-1)S^2}{\sigma^2} = \dfrac{SS}{\sigma^2}$ $\therefore \sigma^2 = \dfrac{SS}{\chi^2_{n-1}}$

手順	実際
信頼区間の不等式を求める	$$\frac{SS}{\chi^2(df, n\frac{\alpha}{2})} < \sigma^2 < \frac{SS}{\chi^2(df, n\frac{1-\alpha}{2})}$$
図に描いてみる	$\frac{\alpha}{2}$　　σ^2の信頼区間　　$1-\frac{\alpha}{2}$ $$\frac{SS}{\chi^2\left(df, \frac{\alpha}{2}\right)} \qquad \frac{SS}{\chi^2\left(df, \frac{(1-\alpha)}{2}\right)}$$

補足すると、

$$偏差平方和 \ SS = \sum_{i=1}^{n}\left(x_i - \bar{x}\right)^2 \sim \chi^2_{n-1}分布$$

つまり、

$$\sum_{i=1}^{n}\left(z_i - \bar{z}\right)^2 \sim \chi^2_{n-1}分布$$

$$z_i - \bar{z} = \frac{x_i - \bar{x}}{\sigma}$$

となるので、

$$\frac{SS}{\sigma^2} \sim \chi^2_{n-1}分布$$

となり、

$$\chi^2_{n-1} = \frac{(n-1)S^2}{\sigma^2} = \frac{SS}{\sigma^2}$$

となる。

A.4 統計的検定 ——推測から判断へ

　推測統計では、**母平均 μ と母分散 σ^2** の点と区間が推定できることがわかった。点推定では μ と σ^2 について最も起こりやすい1つの推定値を標本から求めたが、**標本平均 $\bar{X}$ も標本分散 S^2** もその値が標本を採るたびに変化する**変数**である。そして、これらが特定の分布に従うのであれば、区間推定はある標本の推定値が偶然起きても不思議はないのか、それとも非常に珍しいのかを示してくれそうである。

　μ も σ^2 もそれぞれ未知の場合、標本平均を標準化した値、t 値が t 分布に従うという性質を利用して、**$(1-\alpha) \times 100\%$ 信頼区間**を求めた。もし仮に、μ が知られているとして、ある**標本平均 $\bar{X}$** が、**$(1-\alpha) \times 100\%$ 信頼区間**に収まるかどうかを検討できる。**有意水準 α** は、偶然起きても不思議はない範囲と、偶然にしては大変珍しい区間の境界を示す。例えば、**95%信頼区間**とは、偶然に起きても不思議はない範囲であり、それ以外の区間は偶然にしては大変珍しい区間ということである。

　二項分布を例に検定を考えてみる。1つのコインがある。さて、このコインが歪みのないまともなコインかどうかを確かめたいとする。**確率変数 X** を表が出る回数とし、テスト回数 n は6回に設定する。**確率変数 X の 100% 信頼区間**といえば、**確率変数 X** の実現値 $\{0,1,2,3,4,5,6\}$ すべてを含む範囲であるので、$0 \leq X \leq 6$ となる。まともなコインならば表が出る確率は 1/2 である。そして、コイン投げ実験を行った時、もし**確率変数 X** の値が0あるいは6であるのはあまりにも珍しいと考え、確率変数 X が0と1の確率($P(0)$ $= 0.016$、$P(6) = 0.016$）を合計したものを有意水準 α とすれば、$(1-(2 \times 0.016)) \times 100\% = 96.8\%$ 信頼区間は $1 \leq X \leq 5$ となる。そして、実際に実験を行い、**確率変数 X** が 96.8% 信頼区間に収まれば、まともなコインと判断し、そうでなければまともなコインとしては怪しいと考えることができそうである（この検定の手順を次表に示す）。

表5　二項検定の手順とその例

手順	実際
①有意水準（確率）α を決める	$\alpha = .032$
②帰無仮説と対立仮説を設定 帰無仮説 $H_0 : P(X) - \frac{1}{2} = 0$ または $P(X) = \frac{1}{2}$ 対立仮説 $H_1 : P(X) - \frac{1}{2} \neq 0$ または $P(X) \neq \frac{1}{2}$ ※ $P = 1/2$ とは、二項分布が左右対称であることを暗に示している。$P \neq 1/2$ とは、$P < 1/2$ と $P > 1/2$ の2通りがあるため、両側検定を用いる	帰無仮説 $H_0 : P(X) - \frac{1}{2} = 0$「まともなコイン」 対立仮説 $H_1 : P(X) - \frac{1}{2} \neq 0$「歪んだコイン」
③有意水準 α に基づき、帰無仮説の採択域を設定する $1 - \frac{\alpha}{2} = \begin{bmatrix} n \\ x \end{bmatrix} P^X (1-P)^{n-x} = x_1$ $\frac{\alpha}{2} = \begin{bmatrix} n \\ x \end{bmatrix} P^X (1-P)^{n-x} = x_7$ $x_1 < X < x_7 \Rightarrow x_{1+1} \leq X \leq x_{7-1}$ 確率変数 X は離散的変数なので	$1 - \frac{.032}{2} = .984 = \begin{bmatrix} 6 \\ 0 \end{bmatrix} \frac{1}{2}^0 \left(1 - \frac{1}{2}\right)^{6-0}$ $\frac{.032}{2} = .016 = \begin{bmatrix} 6 \\ 6 \end{bmatrix} \frac{1}{2}^6 \left(1 - \frac{1}{2}\right)^{6-0}$ $0 < X < 6 \Rightarrow 1 \leq X \leq 5$ 確率変数 X は離散的変数なので
④ n 回の実験実施 確率変数 X が採択域に入っているかどうかを確認する ＼棄却域＼採択域＼棄却域＼ x_{1+1}　　　x_{7-1}	6回のコイン投げを実施 結果は、6回表が出た。採択域を出ている ＼棄却域＼採択域＼棄却域＼ 1　　　5
⑤帰無仮説を採択・棄却を判断する	帰無仮説 H_0:「まともなコイン」を棄却し、対立仮説 H_1:「歪んだコイン」を受け入れる余地がある

（1）適合度の χ^2 検定

　確率変数の**確率分布**があらかじめ知られている場合がある。あらかじめ知られている場合というのは、実証したい理論から導きだされたもの、あるいは母集団について情報があるもの、または経験的に知られているものを指す。例えば、まともなコイン投げ実験の**確率分布**、サイコロの出目の**確率分布**、性別の**確率分布**、遺伝理論による**分布**等がある。

　確率分布が既知であるということは、n 回の試行や標本数 n の場合の期待度数や期待値（以下、期待値に統一する）もすでに与えられていることになる。しかし、実験や標本調査によって現れる**実測度数**と**実現値**が期待値と一致するとは限らない。理論の正しさを検証する、あるいはこれまでの経験的知識の妥当性を確認したい場面は多くある。そのような場面で最も頻繁に用いられるのが χ^2 **検定**である。

　母分散の $(1-\alpha)\times100\%$ **信頼区間**を求める際に、偏差平方和を母分散で除した χ^2 値を求めた。

$$\chi^2 = \chi^2{}_{n-1} = \frac{(n-1)S^2}{\sigma^2} = \frac{\sum_{i=1}^{n}\left(x_i - \bar{X}\right)^2}{\sigma^2} = \frac{SS}{\sigma^2}$$

　χ^2 **値**の要は、$(n-1)S^2$ の**偏差平方和** SS である。実は、**確率変数** X が**正規分布**に従う時、X の二乗和は χ^2 **分布**に従う。つまり、**偏差平方和を母分散** σ^2 で除して基準化してもその性質は残る。

　さて、**理論**や**仮説**から導かれる**期待値** E と実際に得られた**実測値**が適合を検討する際に算出する χ^2 値は、

$$\chi^2 = \chi^2{}_{n-1} = \sum_i \frac{\left(x_i - E_i\right)^2}{E_i}$$

と求められるが、この**確率変数** χ^2 の**確率分布**は χ^2 **分布**に近似することが知られている。この性質を利用して**適合度の** χ^2 **検定**を行える。手順は次のとおりである。

　まず、**有意水準** α を設定する。次に、**帰無仮説**と**対立仮説**を立てる。帰

表6　適合度の検定の手順と例題

検定の手順	出目が6つのサイコロ投げ実験の例
①有意水準 α を設定する	有意水準 $\alpha = 0.5$
②標本数と自由度を確認する H_0：X の分布は理論分布と同じである（適合） H_1：X の分布は理論分布と同じではない（非適合）	H_0：サイコロの各出目の度数は期待値と同じ （$P(X)=1/6$ を示唆している） H_1：サイコロの各出目の度数は期待値と異なる
③検定統計量の計算： $$\chi^2 = \sum_i \frac{(x_i - E_i)^2}{E_i}$$ ※ここで、x_i は実測値、E_i は期待値を表す	検定統計量の計算： 表 $$\chi^2 = \frac{(1-6)^2}{6} + \frac{(5-6)^2}{6} + \frac{(12-6)^2}{6} + \frac{(10-6)^2}{6} + \frac{(2-6)^2}{6} + \frac{(6-6)^2}{6} = 15.667$$
④有意水準 α に基づく χ^2 分布における棄却域を決定し、χ^2 値が棄却域に入るか否か確認 (df, α) 自由度 $df = n-1$ 採択域 ／ 棄却域 χ^2	有意水準 $\alpha=.05$ に基づく χ^2 分布（付表2　212頁参照）における棄却域を決定し、$\chi^2(5, .05)$ 値が棄却域に入るか否か確認 自由度 $df = 6-1 = 5$ 採択域 ／ 棄却域 12.832
⑤帰無仮説を採択、もしくは、棄却するかを決定する	帰無仮説を棄却する。サイコロの各出目の確率は1/6とはいえない。サイコロはまともであるとはいえない

検定統計量の計算（③例題内の表）：

出目：X	•	••	•••	••••	•••••	••••••	合計
度数	1	5	12	10	2	6	36
期待値	6	6	6	6	6	6	36

無仮説は、実測値が理論や仮説から導出される期待値と同じであることを主張し、対立仮説はその帰無仮説の主張を否定する（実測値が期待値からかけ離れているということは理論や仮説に誤りがある可能性を示唆する）。

　続いて、検定統計量 χ^2 と**自由度**を求め**有意水準** α に基づく **χ^2 分布**における**棄却域**を決定し、$\chi^2(df, \alpha)$ 値が棄却域に入るか否かを確認し、最終的に帰無仮説の採択・棄却を判断する。

(2) 独立性の χ^2 検定

適合度の **χ^2 検定**では、1 変数の度数分布表から**実測値**と**期待値**が適合しているかを検討できた。これを 2 変数間の独立性（＝関連なし）の検討へと拡張する。ここで、1 つ目の変数は m 個の階級・カテゴリからなり、2 つ目の変数は n 個の階級・カテゴリからなるとする。2 変数の度数分布を同時に表現した表を $m \times n$ 分割表とかクロス集計表と呼ぶ。

　この 2 変数が独立しているとはどういうことでしょうか。その手掛かりは**適合度**の **χ^2 検定**でも登場した**期待値**にある。**期待値**は np であった。つまり、ある変数の階級・カテゴリごとの度数は確率 p_i に依存している。ここでは、2 変数の確率を考慮しなければならないので、**期待値** E_{ij} は $np_i p_j$、n に 2 つの確率を掛け合わせる必要がある（つまり、2 変数を X と Y とすれば $n \times P$、$(X \cap Y)$ ということである）。こうして求められる**期待値**は、2 変数の本来の出現確率という情報を反映していることになる。つまり、期待値は 2 変数の情報が失われない場合の値ということになり、2 変数が互いに関連していない、つまり独立である状態を示す。一方の変数の出現の仕方が他方の変数の出現の仕方に影響しているならば、その 2 変数は互いに関連しているといえる。

　分割表すべてのセルに収まる**期待値**が求められれば、それと実測値との偏差を利用して **χ^2 検定**を行うことができる。$m \times n$ 分割表の **χ^2 値**は、

$$\chi^2 = \sum_i \sum_j \frac{(x_{ij} - E_{ij})^2}{E_{ij}}$$

で求められる。そして、独立性の χ^2 検定の手順は次のとおりである。

　まず、**有意水準 α** を設定する。次に、**帰無仮説**と**対立仮説**を立てる。帰無仮説は、実測値が期待値と同じであることを主張し（＝独立している）、対立仮説はその帰無仮説の主張を否定する（実測値が期待値からかけ離れているということは2変数の関連を示唆する）。

　続いて、**検定統計量 χ^2** と**自由度**$(m\text{-}1)\times(n\text{-}1)$ を求め**有意水準 α** に基づく χ^2 **分布**における棄却域を決定し、$\chi^2 (df, \alpha)$ 値が棄却域に入るか否かを確認し、最終的に帰無仮説の採択・棄却を判断する。

例題） 某市の福祉事務所がその年の主たる虐待者の性別（父親と母親）と虐待種別（身体的虐待と心理的虐待）の統計を整理したところ表のとおりになった。［父母別］と［虐待種別］は独立しているか有意水準 α=.05（5%）で検定しなさい。

表7　父母別と虐待種別のクロス集計表

	身体的虐待	心理的虐待	合計
父親	35	15	50
母親	5	20	25
合計	40	35	75

表8　独立性の χ^2 検定の手順と例題

独立性の χ^2 検定	例題
①有意水準 α を決める	$\alpha = .032$
②帰無仮説と対立仮説を設定する $H_0 : X$ と Y は独立している（関連がない） $H_1 : X$ と Y は独立していない（関連がある）	H_0:「父母別」と「虐待種別」は独立している（関連がない）。⇒比率に差がない H_1:「父母別」と「虐待種別」は独立していない（関連がある）。⇒比率に差がある
③検定統計量の計算： $$\chi^2 = \sum_i \sum_j \frac{(x_{ij} - E_{ij})^2}{E_{ij}}$$ 自由度 (df) を確認 $df = (行数 - 1) \times (列数 - 1)$	$$\chi^2 = \frac{(35 - 26.67)^2}{26.67} + \frac{(15 - 23.33)^2}{23.33}$$ $$+ \frac{(5 - 13.33)^2}{13.33}$$ $$+ \frac{(20 - 11.67)^2}{11.67} = 16.74$$ $df = (2 - 1) \times (2 - 1) = 1$
④有意水準 α に基づく χ^2 分布における棄却域を決定し、$\chi^2 (df, \alpha)$ 値が棄却域に入るか否か確認する 採択域 ┃ 棄却域 χ^2	付表2（212頁参照）によれば、$\chi^2 (df, \alpha) = 3.841$ 採択域 ┃ 棄却域 3.841
⑤帰無仮説を採択、もしくは、棄却するかを決定する	帰無仮説を棄却し、対立仮説を採択する。∴「父母別」と「虐待種別」に関連がないとはいえない

(3) 2つの母平均の差の検定 ——独立したサンプルの t 検定

2群の平均値を統計的に検討したい場面は多くある。例えば、男女別の平均賃金の差の検討や、男女別の平均寿命の差を見るなどである。しかし、2群についてある**確率変数 X** の平均値を比較したいとき、その**確率変数 X** が**正規分布**に従うことが仮定できるものの、**母平均 μ と母分散 σ^2** が未知という場面は少なくない。そんなとき**標本数 n** の**標本平均 $\bar{X}$** は**自由度 $= n-1$** の t **分布**に従う性質を利用して**母平均 μ** の **$(1-\alpha) \times 100\%$ 信頼区間**を求めることができた。この性質を利用して、2群の母平均の間に**統計的有意差**があるかを検討したいと思う。その前に、**期待値（平均値）と分散**には**加法性**という性質があることを示しておく必要がある。

例えば、**確率変数 X** について別々に取られた標本数 $n=3$ の2標本が次のとおりあったとする。

$$X_A = \{1, 2, 3\}$$
$$X_B = \{4, 5, 6\}$$

標本平均はそれぞれ $\bar{X}_A = 2$ と $\bar{X}_B = 5$ となる。もし仮にこの2標本を足し合わせるとすれば、

$$\bar{X}_A + \bar{X}_B = \left\{(1+4), (2+5), (3+6)\right\} = \left\{5, 7, 9\right\}$$

となり、その平均値 $\bar{X}_{A+B}$ を求めると、

$$\bar{X}_{A+B} = \bar{X}_A + \bar{X}_B = \frac{(1+2+3)}{3} + \frac{(4+5+6)}{3} = 2 + 5 = 7$$

2つの標本平均を足し合わせたものと一致する。

標本分散はどうか。標本分散はそれぞれ $S_A{}^2 = 1$ と $S_B{}^2 = 1$ である。ここで、$X_A + X_B = 5, 7, 9$ の分散を求めると、

$$S^2{}_{A+B} = \frac{\sum_{i=1}^{3}\left(x_i - \overline{X}_A\right)^2}{n_A - 1} + \frac{\sum_{i=1}^{3}\left(x_i - \overline{X}_B\right)^2}{n_B - 1}$$

$$= \frac{(1-2)^2 + (2-2)^2 + (3-2)^2}{3-1} + \frac{(4-5)^2 + (5-5)^2 + (6-5)^2}{3-1} = 2$$

もしくは、

$$S^2{}_{A+B} = \frac{(5-7)^2 + (7-7)^2 + (9-7)^2}{3+3-2} = \frac{8}{4} = 2$$

となり、$S_A{}^2$ と $S_B{}^2$ を足し合わせた、

$$S_A{}^2 \, と \, S_B{}^2 = 1 + 1 = 2$$

と一致する。この平均値と分散の加法性を利用して、2群の平均値に統計的有意差があるかを検討できるのが**独立したサンプル t 検定**である。

t 値は次のように求めることができた。

$$t = \frac{\overline{X} - \mu}{\sqrt{\dfrac{S^2}{n}}}$$

2群（ここでは、A 群と B 群とする）の平均値の差を検討したいのであるから、$\overline{X} - \mu$ を $\overline{X}_A - \overline{X}_B$ と置き換えられそうである。あとは

$$標準誤差 = \sqrt{\frac{S^2}{n}}$$

を分散の加法性を利用して、2群の分散を合算した標準誤差を算出すればよいだけである。この計算はやや複雑であるが、

$$\sqrt{\frac{1}{n_A} + \frac{1}{n_B}} \times \sqrt{\frac{S_A{}^2\left(n_A - 1\right) + S_B{}^2\left(n_B - 1\right)}{n_A + n_B - 2}}$$

で求まる。これらをまとめると、

$$t = \frac{\overline{X}_A - \overline{X}_B}{\sqrt{\frac{1}{n_A} + \frac{1}{n_B}} \times \sqrt{\frac{S_A^2 (n_A - 1) + S_B^2 (n_B - 1)}{n_A + n_B - 2}}}$$

となる。

例題）芦屋市民と神戸市民から無作為にそれぞれ 10 人を選び、乗用車（新車に限る）の購入価格を訊ねたところ、芦屋市民は平均 $\overline{X}_{芦屋}$ 5（百万円）分散 $S^2{}_{芦屋}$ は 4、平均 $\overline{X}_{神戸}$ 2（百万円）分散 $\mathbf{S}^2{}_{神戸}$ は 4 であった。$\overline{X}_{芦屋}$ と $\overline{X}_{神戸}$ の間に差があるといえるかあるかどうか有意水準 $\alpha = .05$（5%）で検定しなさい。

　まず、**有意水準 α** を設定する。次に、**帰無仮説**と**対立仮説**を立てる。帰無仮説は、2 群の平均値が同じであることを主張し、対立仮説はその帰無仮説の主張を否定する。

　次に、検定統計量 t と**自由度** $= n_A + n_B - 2$ を求め**有意水準 α** に基づく **t 分布**における**棄却域**を決定し、$t(df, \alpha)$ 値が棄却域に入るか否かを確認し、最終的に帰無仮説の採択・棄却を判断する。

表9　独立したサンプルの t 検定の手順

①有意水準 α 決める	$\alpha = .05 = 2 \times \dfrac{\alpha}{2}\left(なお、\ \dfrac{\alpha}{2} = .025\right)$
②帰無仮説と対立仮説を設定する 　$H_0 : \bar{X}_A = \bar{X}_B$ 　$H_1 : \bar{X}_A \neq \bar{X}_B$（両側検定） ※つまり $\bar{X}_A > \bar{X}_B$、$\bar{X}_A < \bar{X}_B$ のどちらかを検討するのではないので両側検定)	$H_0 : \bar{X}_A = \bar{X}_B$ $H_1 : \bar{X}_A \neq \bar{X}_B$
③検定統計量の計算： $$t = \frac{\bar{X}_A - \bar{X}_B}{\sqrt{\dfrac{1}{n_A} + \dfrac{1}{n_B}} \times \sqrt{\dfrac{S_A{}^2(n_A - 1) + S_B{}^2(n_B - 1)}{n_A + n_B - 2}}}$$ 自由度 $(df = n_A + n_B - 2)$ を確認	$$t = \frac{5 - 2}{\sqrt{\dfrac{1}{10} + \dfrac{1}{10}} \times \sqrt{\dfrac{4(10-1) + 4(10-1)}{10 + 10 - 2}}}$$ $= 3.3541$ df $= 10 + 10 - 2 = 18$
④有意水準 α に基づき標準正規分布における棄却域を決定し、$t\left(df, \dfrac{\alpha}{2}\right)$ 値値が棄却域に入るか否か確認 棄却域｜採択域｜棄却域 $-t\left(df, \dfrac{\alpha}{2}\right)$ $t\left(df, \dfrac{\alpha}{2}\right)$	付表2（212頁参照）によれば、 $\chi^2(df, \alpha) = 3.841$ $t(18, .025) = \pm 2.101$ 棄却域｜採択域｜棄却域 $-0\ 2.101$ 2.101
⑤帰無仮説を採択、もしくは、棄却するかを決定する	帰無仮説を棄却できる。∴ $\bar{X}_{芦屋}$ と $\bar{X}_{神戸}$ の間に差がないとはいえない

（4）相関分析

2つの質的変数の関連性を分割表による独立性の **χ^2 検定**で検討すること
ができた。2つの量的変数の関連性については、**相関分析**が最も用いられる
分析手法である。2つの量的変数の関連性を別言すれば共変関係といえる。
共変関係には、線型的共変関係と非線型的共変関係があり、**相関分析**は線型
的共変関係を評価する手法である。そして相関分析には視覚的分析と解析的
分析からなり、ここでは2つの量的変数の線型的共変関係を±0〜1で表す
相関係数 r の求め方を学ぶ。

　相関係数は、

$$r = \frac{\sum_{i=1}^{n}(x_i - \bar{x})(y_i - \bar{y})}{\sqrt{\sum_{i=1}^{n}(x_i - \bar{x})^2}\sqrt{\sum_{i=1}^{n}(y_i - \bar{y})^2}}$$

あるいは、

$$r = \frac{\sum_{i=1}^{n}(x_i - \bar{x})(y_i - \bar{y})/(n-1)}{\sqrt{\frac{\sum_{i=1}^{n}(x_i - \bar{x})^2}{n-1}}\sqrt{\frac{\sum_{i=1}^{n}(y_i - \bar{y})^2}{n-1}}} = \frac{1}{n-1}\sum_{i=1}^{n}Zx_i \times Zy_i$$

と求めることができる。では、その手順を例題にそって確認する。

表 10　相関係数の求め方

①各変数の平均と標準偏差を算出　②各変数を標準化（Z）する

素データ

通し番号	変数 X	変数 Y
1	X_1	Y_1
2	X_2	Y_2
3	X_3	Y_3
n	$\vdots$ X_n	$\vdots$ Y_n

標準化

通し番号	Z_X	Z_Y
1	Z_{X1}	Z_{Y1}
2	Z_{X2}	Z_{Y2}
3	Z_{X3}	Z_{Y3}
n	$\vdots$ Z_{Xn}	$\vdots$ Z_{Yn}

$$\frac{1}{n-1}\sum_{i=1}^{n} Zx_i \times Zy_i$$

あるいは

$$\frac{\sum_{i=1}^{n} Zx_i \times Zy_i}{n-1}$$

③各変数の Z 得点同士を掛け合わせた値を合計して n で割る

通し番号	Z_X	Z_Y	$Z_X\,Z_Y$
1	Z_{X1}	Z_{Y1}	$Z_{X1}\,Z_{Y1}$
2	Z_{X2}	Z_{Y2}	$Z_{X2}\,Z_{Y2}$
3	Z_{X3}	Z_{Y3}	$Z_{X3}\,Z_{Y3}$
n	$\vdots$ Z_{Xn}	$\vdots$ Z_{Yn}	$\vdots$ $Z_{Xn}\,Z_{Yn}$

↑

ここの合計÷（n–1）＝相関係数

例題：X と Y の相関係数を求めよ。

素データ

ID	X	Y
A	2	4
B	3	3
C	4	5

標準化

ID	Z_X	Z_Y	$Z_X\,Z_Y$
A	–1	0	0
B	0	–1	0
C	1	1	1

英語平均値 $\overline{X}=3$

X 分散 $V_x=1$

数学平均値 $\overline{Y}=4$

Y 分散 $V_y=1$

$$r=\frac{1}{n-1}\sum_{i=1}^{n} Zx_i \times Zy_i = \frac{1}{3-1}=0.5$$

(5) 単回帰推定式

　相関分析では、量的な2つの確率変数の線型的共変関係を検討することができた。しかし、相関係数の公式に示されるように、2変数とも右辺にあることから、どちらが**従属変数**もしくは**独立変数**かは示されていない。つまり、**相関関係**は、2変数間の因果関係を示すものではないのである。2変数の因果関係を記述するには、左辺に**従属変数**、右辺に**独立変数**が配置される。2変数の線型的共変関係が見いだされたのであれば、これを手掛かりに2変数の因果関係を既知の専門知識や経験知に基づき数式を立てることができそうである。ここで量的なしかも正規分布に従う2変数YとXを考える。そしてYを**従属変数**、Xを**独立変数**とする。それを数式で表すと、

$$Y = X$$

となる。

　線型的共変関係は比例関係である。そして、相関係数は$\pm 0 \sim 1$でその傾きを評価したものであった。相関係数が正であれば、一方の変数の増減に他方の変数も呼応して増減し、相関係数が負であれば一方の変数の増減に対し他方の変数は逆向きに変動する。YとXに相関関係があるのであれば、Xには傾きを表す係数がつきそうだと考える。この傾きをβで表すこととし、このβは回帰係数と呼ぶ。先ほどの数式にβは現れていないが$\beta = 1$ということと同じである。前の数式は次のように書き換えられる。

$$Y = \beta X$$

　さらに上の数式に独立変数の存在の有無には関わらない量としての定数αとYとのずれを示す残差eを仮定して、

$$Y = \alpha + \beta X + e$$

と書き直す（なお、残差eは**確率変数**であり**正規分布**に従うと仮定し、その総和は0となる）。これで、確率変数Yの構造が記述できた。確率変数Yは正規分布に従うのであるから、

$$Y \sim N(\mu, \sigma^2)$$

$$Y \sim N(\alpha + \beta \bar{X}, \sigma^2)$$

と表せる。

さて、Yの構造を明らかにするためには、右辺にあるαとβを求める必要がある。ここでは、βとαの順にその求め方を解説するが、その前に、新たな変数を導入する必要がある。それは、従属変数Yの予測値$\hat{Y}$である。$Y = \alpha + \beta X + e$の右辺は、残差eを含むことからYの構造を表するが残差eが大きいとき$\alpha + \beta X$のYに対する説明・予測の精度は良くないと考えられる。もし、残差eが0ならば、$\alpha + \beta X$はYを完全に記述していることになる。すなわち、$\alpha + \beta X$はYそのものというより、与えられた2変数のデータから予測されるYの模造つまりモデルを表しているのである。であるから、従属変数Yの予測値$\hat{Y}$は、

$$\hat{Y} = \alpha + \beta X$$

と表せ、この数式を回帰推定式と呼ぶ。

αとβの求め方は、

$$e_i \equiv Y_i - \hat{Y}_i \equiv Y_i - f(X_i)$$

$$G(\alpha, \beta) = \sum_{i=1}^{n} e_i^2 = Y_i - (\alpha + \beta X_i)^2$$

$$\frac{\partial G(\alpha, \beta)}{\partial \alpha} = 0, \frac{\partial G(\alpha, \beta)}{\partial \beta} = 0$$

の連立方程式を解くことで求めることができるが、簡単にまとめるとβは、

$$\beta = \frac{\dfrac{\sum_{i=1}^{n}(X_i - \bar{X})(Y_i - \bar{Y})}{\sum_{i=1}^{n}(X_i - \bar{X})^2}}{n-1} = \frac{\sum_{i=1}^{n}(X_i - \bar{X})(Y_i - \bar{Y})}{\sum_{i=1}^{n}(X_i - \bar{X})^2} = \frac{\text{共分散}_{x,y}}{\text{分散}_x}$$

と解け、回帰推定式の直線はYの平均値$\bar{Y}$とXの平均値$\bar{X}$を通るので、

$$\overline{Y} = \alpha + \beta \overline{X}$$
$$\alpha = \overline{Y} - \beta \overline{X}$$

と求めることができる。

例題）コンビニエンスストア 10 店舗と各店舗から最寄り駅までの距離 X（100m）と 1 日平均の売上高 Y（万円）のデータ（表 11）を示した。これをもとに回帰推定式 $\hat{Y} = \alpha + \beta X$ を求めよ。

表 11　コンビニの 1 日の売上平均額と最寄り駅までの距離

店	売上高 Y（万円）	距離 X（100m）	$y = Y - \overline{Y}$	$\chi = X - \overline{X}$	χy	χ^2
1	40	3	−10	0	0	0
2	45	5	−5	2	−10	4
3	80	2	30	-1	−30	1
4	60	1	10	-2	−20	4
5	50	3	0	0	0	0
6	20	4	−30	1	−30	1
7	15	6	−35	3	−105	9
8	90	1	40	−2	−80	4
9	30	3	−20	0	0	0
10	70	2	20	−1	−20	1
Σ	500	30			−295	24

解答）

距離 X（100m）と 1 日平均の売上高 Y（万円）の平均値と標準偏差をそれぞれ算出し、

$$\overline{Y} = 50$$

$$SDy = 25.055$$

$$\bar{X} = 3$$

$$SDx = 1.633$$

回帰係数 β を次式のとおり求める。

$$\beta = \frac{\sum_{i=1}^{n}\left(X_i - \bar{X}\right)\left(Y_i - \bar{Y}\right)}{\sum_{i=1}^{n}\left(X_i - \bar{X}\right)^2} = \frac{\chi y}{\chi^2} = \frac{-295}{24} = -23.292$$

回帰推定式は、距離 X と1日平均の売上高 Y の平均値を通過するので、

$$\bar{Y} = \alpha - 12.292\,\bar{X}$$

と書ける。よって、

$$50 = \alpha - 12.292\,(3)$$

$$\alpha = 86.875$$

のとおり α を求めれば、

回帰推定式は

$$\hat{Y} = 86.875 - 12.292\,(\mathrm{X})$$

となる。なお相関係数 $r = -.801$ であり、β は次のとおり求めることもできる。

$$\beta = r\frac{SD_y}{SD_x} = -.801\frac{25.055}{1.633} = -12.292$$

付　表

付表 1　標準正規分布表

z	0	1	2	3	4
0.0	0.50000	0.49601	0.49202	0.48803	0.48405
0.1	0.46017	0.45620	0.45224	0.44828	0.44433
0.2	0.42074	0.41683	0.41294	0.40905	0.40517
0.3	0.38209	0.37828	0.37448	0.37070	0.36693
0.4	0.34458	0.34090	0.33724	0.33360	0.32997
0.5	0.30854	0.30503	0.30153	0.29806	0.29460
0.6	0.27425	0.27093	0.26763	0.26435	0.26109
0.7	0.24196	0.23885	0.23576	0.23270	0.22965
0.8	0.21186	0.20897	0.20611	0.20327	0.20045
0.9	0.18406	0.18141	0.17879	0.17619	0.17361
1.0	0.15866	0.15625	0.15386	0.15151	0.14917
1.1	0.13567	0.13350	0.13136	0.12924	0.12714
1.2	0.11507	0.11314	0.11123	0.10935	0.10749
1.3	0.09680	0.09510	0.09342	0.09176	0.09012
1.4	0.08076	0.07927	0.07780	0.07636	0.07493
1.5	0.06681	0.06552	0.06426	0.06301	0.06178
1.6	0.05480	0.05370	0.05262	0.05155	0.05050
1.7	0.04457	0.04363	0.04272	0.04182	0.04093
1.8	0.03593	0.03515	0.03438	0.03362	0.03288
1.9	0.02872	0.02807	0.02743	0.02680	0.02619
2.0	0.02275	0.02222	0.02169	0.02118	0.02068
2.1	0.01786	0.01743	0.01700	0.01659	0.01618
2.2	0.01390	0.01355	0.01321	0.01287	0.01255
2.3	0.01072	0.01044	0.01017	0.00990	0.00964
2.4	0.00820	0.00798	0.00776	0.00755	0.00734
2.5	0.00621	0.00604	0.00587	0.00570	0.00554
2.6	0.00466	0.00453	0.00440	0.00427	0.00415
2.7	0.00347	0.00336	0.00326	0.00317	0.00307
2.8	0.00256	0.00248	0.00240	0.00233	0.00226
2.9	0.00187	0.00181	0.00175	0.00169	0.00164
3.0	0.00135	0.00131	0.00126	0.00122	0.00118

5	6	7	8	9
0.48006	0.47608	0.47210	0.46812	0.46414
0.44038	0.43644	0.43251	0.42858	0.42465
0.40129	0.39743	0.39358	0.38974	0.38591
0.36317	0.35942	0.35569	0.35197	0.34827
0.32636	0.32276	0.31918	0.31561	0.31207
0.29116	0.28774	0.28434	0.28096	0.27760
0.25785	0.25463	0.25143	0.24825	0.24510
0.22663	0.22363	0.22065	0.21770	0.21476
0.19766	0.19489	0.19215	0.18943	0.18673
0.17106	0.16853	0.16602	0.16354	0.16109
0.14686	0.14457	0.14231	0.14007	0.13786
0.12507	0.12302	0.12100	0.11900	0.11702
0.10565	0.10383	0.10204	0.10027	0.09853
0.08851	0.08691	0.08534	0.08379	0.08226
0.07353	0.07215	0.07078	0.06944	0.06811
0.06057	0.05938	0.05821	0.05705	0.05592
0.04947	0.04846	0.04746	0.04648	0.04551
0.04006	0.03920	0.03836	0.03754	0.03673
0.03216	0.03144	0.03074	0.03005	0.02938
0.02559	0.02500	0.02442	0.02385	0.02330
0.02018	0.01970	0.01923	0.01876	0.01831
0.01578	0.01539	0.01500	0.01463	0.01426
0.01222	0.01191	0.01160	0.01130	0.01101
0.00939	0.00914	0.00889	0.00866	0.00842
0.00714	0.00695	0.00676	0.00657	0.00639
0.00539	0.00523	0.00508	0.00494	0.00480
0.00402	0.00391	0.00379	0.00368	0.00357
0.00298	0.00289	0.00280	0.00272	0.00264
0.00219	0.00212	0.00205	0.00199	0.00193
0.00159	0.00154	0.00149	0.00144	0.00139
0.00114	0.00111	0.00107	0.00104	0.00100

付表 2

t 分布表

自由度	$\alpha = .05$ ($\frac{\alpha}{2} = 0.025$)
1	12.706
2	4.303
3	3.183
4	2.776
5	2.571
6	2.447
7	2.365
8	2.306
9	2.262
10	2.228
11	2.201
12	2.179
13	2.160
14	2.145
15	2.132
16	2.120
17	2.110
18	2.101
19	2.093
20	2.086
21	2.080
22	2.074
23	2.069
24	2.064
25	2.060
26	2.056
27	2.052
28	2.048
29	2.045
30	2.042
40	2.021
60	2.000
120	1.980
∞	1.960

χ^2 分布表

自由度	$\alpha = 0.975$	$\alpha = .05$	$\alpha = .025$
1	0.000982	3.841	5.024
2	0.050636	5.991	7.378
3	0.216	7.815	9.348
4	0.484	9.488	11.143
5	0.831	11.071	12.832
6	1.237	12.592	14.450
7	1.690	14.067	16.013
8	2.180	15.507	17.535
9	2.700	16.919	19.023
10	3.247	18.307	20.483
11	3.816	19.675	21.920
12	4.404	21.026	23.337
13	5.009	22.362	24.736
14	5.629	23.685	26.119
15	6.262	24.996	27.488
16	6.908	26.296	28.845
17	7.564	27.587	30.191
18	8.231	28.864	31.526
19	8.907	30.144	32.852
20	9.591	31.410	34.170
21	10.283	32.671	35.479
22	10.982	33.924	36.781
23	11.689	35.173	38.076
24	12.401	36.415	39.364
25	13.120	37.653	40.647
26	13.844	38.885	41.923
27	14.573	40.113	43.194
28	15.308	41.337	44.461
29	16.047	42.557	45.722
30	16.791	43.773	46.979
40	24.433	55.759	59.342
50	32.357	67.505	71.420
60	40.482	79.082	83.298
70	48.758	90.531	95.023
80	57.153	101.879	106.629
90	65.647	113.145	118.136
100	74.222	124.342	129.561

人名索引

あ

アインシュタイン　　5
大渕憲一　　26, 27, 34

か

ゴルトン　　137
コント　　5

さ

シュナイドマン　　152
シュレディンガー　　5
スペンサー　　136

た

ダーウィン　　135
ダラード　　25
テダスキー　　27, 103
デュルケム　　5, 102, 154

は

ハイゼンベルク　　5
パターソン　　44
パブロフ　　19, 33
バンデュラ　　22
ヒル　　43
ブース　　136
フェルソン　　27, 103
プラトン　　145
ベンサム　　138
ホマンズ　　27

ま

マズロー　　19, 26, 82, 152
マッカバン　　44

ミ

ミル　　139

ら

リッチモンド　　5
ロウントリー　　136

事項索引 ━●━●━●━━━━━

あ

ICIDH　　135
ICF　　135
アウトリーチ　　6, 41
アセスメント　　41
アノミー的自殺　　155
安定マッチング　　87
EBM　　6
EBP　　7
医学モデル　　5, 134
いじめ　　99, 101
イデア　　145
医療ソーシャルワーカー　　49
インターベンション　　165
運動再生過程　　22
ABCX モデル　　44
エクソシステム　　104
エスノメソドロジー　　14
エンゼルプラン　　69
横断的デザイン　　11

か

介護計画書　　124
介護支援専門員　　124
介護事業者　　125
介護保険制度　　121
解釈主義　　7
外的強化　　22
介入　　42
介入計画立案　　42
科学的根拠　　6
核家族　　122
拡大家族　　122
確率　　171
確率分布関数　　174
確率変数　　171
家族システム　　37
間隔尺度　　13

観察

観察　　22
危機　　43
希死念慮　　151
基礎付け主義　　3
期待値　　196
帰無仮説　　189
グラウンデッドセオリー　　14
ケアプラン　　124
経過観察　　42
経験主義　　5
契約　　41, 124
研究の問い　　11
嫌子　　21
攻撃性　　23
好子　　21
構造化面接　　14
行動　　19
行動随伴性　　20
行動分析学　　20
公平理論　　84
功利主義　　138
高齢化　　120
高齢化社会　　121
高齢社会　　121
ゴールドプラン　　123
ゴールドプラン21　　123
互恵モデル　　85
根元事象　　178

さ

最頻値　　13
参与観察法　　14
ジェットコースターモデル　　43
ジェノグラム　　59
支援費制度　　143
自己強化　　22
自己決定　　6
自己制御　　29
自己本位的自殺　　155

自殺　112
自殺念慮　151
事象　173
自傷　151
自損　151
実験　8
実験群　9
実証主義　5
質的調査　8
児童虐待　61
児童憲章　69
児童厚生施設　68
児童自立支援施設　68
児童相談所　63, 68
児童福祉司　68
児童福祉法　68, 122
児童養護施設　68
社会構成主義　7
社会ダーウィニズム　135
社会調査　8
社会的学習理論　22
社会的交換理論　27, 83
社会的相互作用説　27
社会保険方式　124
社会モデル　134
尺度　10
終結　42
従属変数　205
縦断的デザイン　11
集団本位的自殺　155
自由面接　14
宿命的自殺　155
出生前診断　142
準実験　8
順序尺度　12
障害　131
障害児入所施設　68
情報の非対称性　6
情報理論　72
助産施設　68
事例研究　9, 10
新エンゼルプラン　69
身体障害者福祉法　122, 133, 143
身体的虐待　61

信頼区間　184, 192
信頼性　10
心理的虐待　61
推測統計　192
スキーマ　22
スクール・ソーシャルワーク　111
ストレッサー　44
生活保護法　122
正義　145
正規分布　181
精神薄弱者福祉法　122
生態学的理論　104
性的虐待　61
世界保健機関　135
相関係数　203
相関分析　203
相対主義　5
相対頻度　172
ソーシャルワーク　5
措置制度　124
存在論　4, 8

た

ダーウィニズム　136
第一次ベビーブーム　122
第二次ベビーブーム　123
体罰　23
代理強化　22
対立仮説　189
妥当性　10
ダブル ABCX モデル　43
単回帰推定式　205
断種法　138
知的障害者福祉法　122
知能検査　132
中央値　13
超高齢社会　121
適合度の χ^2 検定　194
動因　19
動機　19
動機付け　22
統計的検定　192
統計的推測　183

投資モデル　86
統制群　9
統制的観察　14
独立したサンプルの t 検定　199
独立性の χ^2 検定　196
独立変数　205

な

ナチスドイツ　137
二項分布　178
乳児院　68
認識論　5, 8
ネグレクト　61

は

配偶者間暴力　82
8050 問題　126
反基礎付け主義　3
非参与観察　14
評価　42
標準偏差　13
標本空間　178
標本空間 X　173
標本分散　192
標本平均　192
比率尺度　13
貧困　31
フィールドワーク　14
フォローアップ　41, 43
福祉三法体制　67
福祉六法体制　121
フラストレーション　25
プリベンション　163
分散　13
分布関数　177
平均値　13
変数　12
保育所　68
母子及び父子並びに寡婦福祉法　69, 95,
　　121, 122
母子生活支援施設　68, 95
母子福祉法　69, 121, 122

母集団　11
ポストベンション　165
母分散　185
母平均　185

ま

マイクロシステム　104
マクロシステム　104
名義尺度　12
メゾシステム　104
面接　14
模倣　22

や

薬物　32
有意水準　194
有意水準 a　184
優生学　137
優生思想　138
要介護認定　124
欲求不満　25
世論調査　11

ら

ライフサイクル　37
ライフステージ　37
リサーチ・デザイン　8
離散確率分布　178
離散型変数　174
量的調査　8, 11
連続型確率分布　181
老人福祉法　121, 122, 123

【著者略歴】

李　政元（リー　ジョンウォン）

現在関西学院大学総合政策学部教授。著書に『ケアワーカーの QWL とその多様性 ──ギルド理論による実証的研究（関西学院大学研究叢書）』関西学院大学出版会、共編著に『福祉・心理・看護のテキストマイニング入門』中央法規出版、『ソーシャルワーカーのための社会福祉調査法（Minerva 福祉専門職セミナー）』ミネルヴァ書房がある。

裁判例にみる家族と暴力
　家庭福祉の危機と回復

2020 年 4 月 15 日初版第一刷発行

著　者　李　政元

発行者　田村和彦
発行所　関西学院大学出版会
所在地　〒 662-0891
　　　　兵庫県西宮市上ケ原一番町 1-155
電　話　0798-53-7002

印　刷　協和印刷株式会社

©2020 Lee, Jung Won
Printed in Japan by Kwansei Gakuin University Press
ISBN 978-4-86283-302-0